エゼキエル戦争前夜

―日本人が知らない中東の歴史と現在―

The Eve of the Ezekiel War

History and Present of the Middle East that Japanese People Don't Know.

石田和靖

Kazuyasu Ishida

かや書房

はじめに

あらゆるものには、伏線や原因があって結果がある。

ところが、２０２３年10月7日のハマスのイスラエルへのテロは、原因が報道されることなく、結果のみが報道された。

そのため、私のＹｏｕｔｕｂｅにいつも出演していただいているちょいワル先生も、「自分は中東のことは全然知らないから、当時はハマスというのは、ずいぶん悪いヤツらだと思っていた」と言っている。

もちろん、私はハマスのテロを擁護しているわけではない。本書を読んでいただければよくわかるが、イスラエルのシオニストたちもテロ集団で、今回のイスラエルVSハマス戦争は、テロVSテロの戦いだと思っている。それは、10月7日以前の中東のニュースを見ればすぐに理解できる。

ところが、日本のマスコミでは10月7日以前は報道されていない。もともと中東の報道自体がほとんどされない。現在、日本の石油の97％は中東から輸入している日本にとって大切な国々であるのにもかかわらずだ。

もちろん、中東のメディアではきちんと報道されている。同じ出来事が、パレスチナのメディアでは、「今日はイスラエル軍により、子供が何人殺された」と伝えられ、イスラエルのメディアでは「今日はパレスチナへの入植が進んだ」というふうに、違う角度でだが。

さて、私は若い頃から中東に興味を持ち、時間があれば中東に旅をして、もう30年間にわたり、さまざまな光景を実際に見てきた。

だから、2001年から自分が見聞きしてきた中東の真実を伝えようと、Youtube番組「越境3・0チャンネル」を始めた。

中東は揉め事の絶えない地域だ。もう2021年の段階から旧約聖書の「エゼキエル書」に掲載されている「エゼキエル戦争」が起こる予感がしていた。

それが差し迫る危機として、急ピッチで進行し始めたのが、ネタニヤフが6度目の政権を手にした2022年12月末だ。

国家計画として入植を推進し始め、毎日のように、パレスチナの人々は土地を取り上げられ、それに対して抵抗すると「ハマスだ」と決めつけられ、イスラエル軍に殺された。

それがインティファーダ（大衆蜂起）として爆発したのが、10月7日なのだ。
私は中東のメディアに掲載されたニュースを、毎日報道し続けた。
冒頭に伏線や原因と書いたが、例えば、
●2023年3月9日「イランはUAEとの航空協力に署名」（アルモニター）——イランとUAEは対立していたはずなのに、不思議なニュース。
と報道したあとに、それを伏線として、
●2023年3月11日
「イランとサウジアラビア対立から和解へ」（アルジャジーラ）
というニュースが飛び込んでくる。
この本を書くにあたり、「越境3・0チャンネル」を見直し、タイトルを時系列に並べると、中東で孤立していたイランが国際社会の仲間入りをし、逆に西側諸国がバックについていたイスラエルが世界から孤立して、アメリカも手に負えなくなってくる様子が、生き生きとドラマチックに見えることがわかった。
サウジアラビアとイランが中国の仲介で国交正常化をした発表があった、それはアメリカのオースティン国務長官が、サウジアラビアとイスラエルの国交正常化のために中東に行っていたときで、アメリカのメンツは丸つぶれ。まるで映画のようだが、現実だ。

この事実に気が付き、私は本書を書くにあたり、Ｙｏｕｔｕｂｅ番組を時系列で解説していくことにした。

もちろん、中東の問題を私がＹｏｕｔｕｂｅを始めた２０２１年から始めるのでは不十分だ。

それを補うために、通常の解説を入れた。２００１年からでは不十分なので、「エゼキエル書」が書かれた紀元前５９７年のバビロン捕囚の頃から、今日までを書いた。

書きながら、いつも思っていたのは「僕たちになにができるだろう」という言葉だ。パレスチナの日本大使にインタビューをしたときに、「まずはパレスチナの現実を知ってほしい。次に行動してほしい」と言われた。

できる限り、理解しやすいように、しかも内容を深く書いた本書は、少なくとも日本の読者の方々に「中東、パレスチナの現実を知って」いただく手助けになると自負している。

２０２４年10月10日

石田和靖

エゼキエル戦争前夜
日本人が知らない中東の歴史と現在

目次

装丁●冨田晃司
構成●前田守人

第1章 エゼキエル戦争とは何か

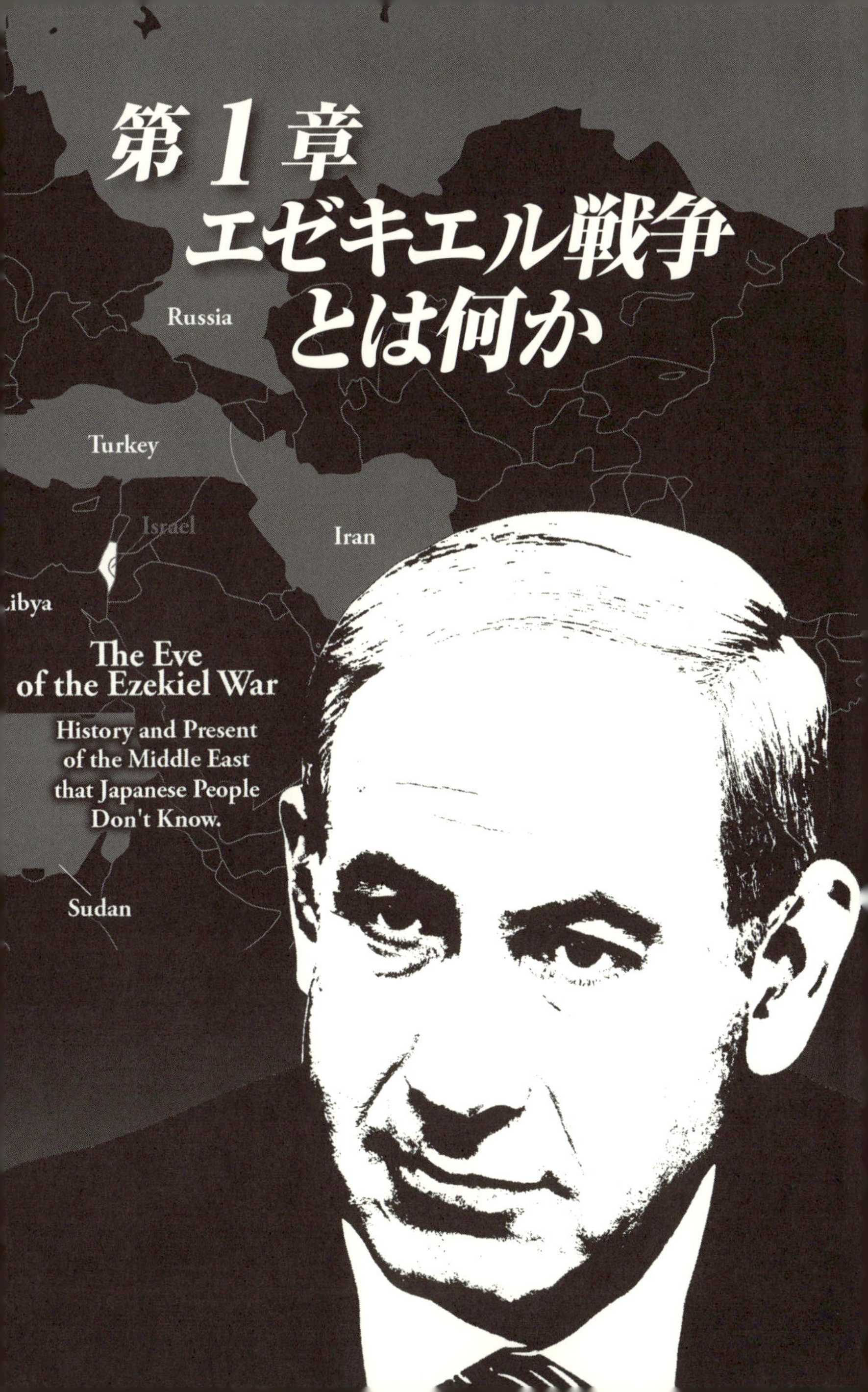

The Eve of the Ezekiel War

History and Present of the Middle East that Japanese People Don't Know.

現代の国際情勢を読み解く預言の書

みなさんは「エゼキエル戦争」という言葉を聞いたことがあるでしょうか。

ＹｏｕＴｕｂｅで検索していただければ、さまざまな動画がアップされており、宗教の専門家や牧師さんが解説しています。私が提供しているＹｏｕＴｕｂｅ番組「越境３・０チャンネル」でも、中東情勢とエゼキエル戦争については、これまで何度も取り上げてきました。

では、このエゼキエル戦争とは何なのでしょうか。簡単に言うと、『旧約聖書』にある『エゼキエル書』の第38章と第39章に書かれている終末期の預言に触れられている、人類最後の戦争のことです。「予言」と「預言」とは区別され、予言は未来予測のごとくあらかじめ事件や出来事を言い当てることですが、預言は「神の言葉を預かり」、それを民衆に伝え、後世の人たちに警鐘《けいしょう》を鳴らす意味が含まれています。

現在のウクライナとロシアの戦争、イスラエルとハマスやヒズボラの戦争を見ていて、これはエゼキエル戦争に発展していくのではないか、第三次世界大戦が起きて世界が終末となるのではないかと、恐れを抱かせるのがこの『エゼキエル書』に書かれている内容なのです。

私は宗教の専門家でも牧師でもないので、この『エゼキエル書』の内容を１００％信じているわけではありませんが、現在の国際情勢や中東情勢を見ていて、これまでにはあり得ないようなことが、次から次へと起きているために注目しているのです。ロシアの武力によるウクライナ侵攻に対して、またイスラエルによる過剰とも言えるハマスやヒズボラへの報復攻撃に対しても、国際社会は手を出せずにいます。こうした世界の不安定な情勢が、預言書で述べられている方向に歴史が突き進んでいるのではないかと思わせるのです。『聖書』の預言は、これまでの人類の歴史において成就されてきたと言う人もいます。また、世界にはそれを信じて行動する人もいます。預言の方向に世界の歴史が動いていこうとしているのではないか、またそれを盲信する勢力が暗躍しているのではないか、そんなストーリーを予感させるのです。

『エゼキエル書』は、『イザヤ書』と『エレミヤ書』と並ぶ『旧約聖書』の三大預言書の一つと言われ、預言者・エゼキエルによって書かれています。エゼキエルは、紀元前6世紀ごろのバビロン捕囚時代のユダヤ人の預言者です。預言者とは神から言葉を預かりその言葉を伝える人のことで、奇跡を起こすノアやアブラハム、モーセ、ナザレのイエス、ムハンマド（モハメッド）は五大預言者とされ、また神の言葉を伝えるだけのイザヤ、エレミヤ、エゼキエルは三大預言者とされています。

バビロン捕囚とは、新バビロニアの王ネブカドネザル二世によって、ユダ王国のユダヤ人が現在のイラク南部、チグリス川とユーフラテス川の下流域であるバビロニア地方に捕虜として連行され、強制的に移住させられた事件のことです。「預言者エゼキエルは、捕囚されて5年目の紀元前593年に、テルアビブ運河（現在のテルアビブとは異なる地）のケバル川のほとりで、捕囚の人々のうちにいた時、天が開けて、神の幻を見た」と、『エゼキエル書』第1章の冒頭に書かれています。つまり、神からのお告げは、およそ2600年前のことであり、これは当然ですがイエス・キリストが誕生する600年も前のことになります。

ところで、イエスが登場する以前に書かれたのが『旧約聖書』であり、イエスが登場してから書かれたのが『新約聖書』です。『旧約聖書』は、キリスト教からの呼び方であり、「旧約」とは、古い契約という意味です。ユダヤ教では「旧約」とは言わずに、単に『聖書』と呼ばれていて、主に神とイスラエル人との契約について書かれています。つまり、イスラエル人を導く神の救いの歴史であり、また十戒（モーセが神から与えられた十の戒律のこと）や法について教えています。さらに、預言やさまざまな文学的な手法によって神の言葉を伝えているのです。

『旧約聖書』の『出エジプト記』によれば、モーセは紀元前13世紀ころにヘブライ人（イスラエル人のこと）の民を率いてエジプトから脱出し、40年にわたって荒野をさまよい、「約束の地」にたどり着いたとされています。そこが現在のイスラエルの地であり、歴史上のさまざまな物語が繰り広げられています。そして本書では、バビロン捕囚時代の預言者エゼキエルに注目しているということです。

『エゼキエル書』に書かれていること

『エゼキエル書』には、イスラエル国の復活も予言されていて、エゼキエル戦争は神の力と正義がイスラエル人だけでなく、全世界に知らされる戦争であるとされています。詳細は後述しますが、簡単に説明すると、ロシアを筆頭にした多くの国がイスラエルを攻撃するものの、神の奇跡でイスラエルが勝つというストーリーなのです。

エゼキエル戦争の預言は2600年も前のものなので、現在のような国はないため、当時の地名で表されています。『エゼキエル書』に書かれている地名が、現在のどの国に当たるかは『聖書』研究者によってさまざまな解釈がありますが、一般的には、現在のロシア以外にイランやトルコ、アラブ諸国などが参加すると言われています。

また、現実の国際関係は預言通りに進んでいるわけではないのですが、イスラエル建国の主体であるユダヤ人は、この預言を現実社会に投影し、解釈しているかもしれないのです。『エゼキエル書』の第38章と第39章に、具体的な預言が書かれていると言われていますので、引用してみます（括弧内の数字は章と節を示す）。

「人の子よ、メセクとトバルの大君であるマゴグの地のゴグに、あなたの顔を向け、これに対して預言して、3言え。主なる神はこう言われる、メセクとトバルの大君であるゴグよ、見よ、わたしはあなたの敵となる。４わたしはあなたを引きもどし、あなたのあごにかぎをかけて、あなたと、あなたのすべての軍勢と、馬と、騎兵とを引き出す。彼らはみな武具をつけ、大盾、小盾を持ち、すべてつるぎをとる者で大軍である。５ペルシャ、エチオピヤ、プテは彼らと共におり、みな盾とかぶとを持つ。６ゴメルとそのすべての軍隊、北の果のベテ・トガルマと、そのすべての軍隊など、多くの民もあなたと共におる。」（エゼキエル書38：2－6）

ここで言う、「メセク（メシェク）」とはモスクワのことで、「トバル」とはトボルスクという地名ではないかと解釈され、現在のシベリアのことでしょう。「マゴグ」というのは、黒海とカスピ海の間から北の地域であり、これらの国々を司っているのが「ゴグ」という現在のロシアのことです。「ペルシャ」は現在のイランで、「エチオピア」は現在のエチオピア、「プテ」は位置的には現在のリビアのことでしょう（プテは現在のソマリア辺りとの説もあります）。「ゴメル」は現在の東欧の国ではないかと考えられ、「ベテ・トガルマ（ベテトガルマ）」はトルコを示しています。

ゴグ（ロシア）は、これらの国々を引き連れて南に進軍してくると解釈できます。ゴグ

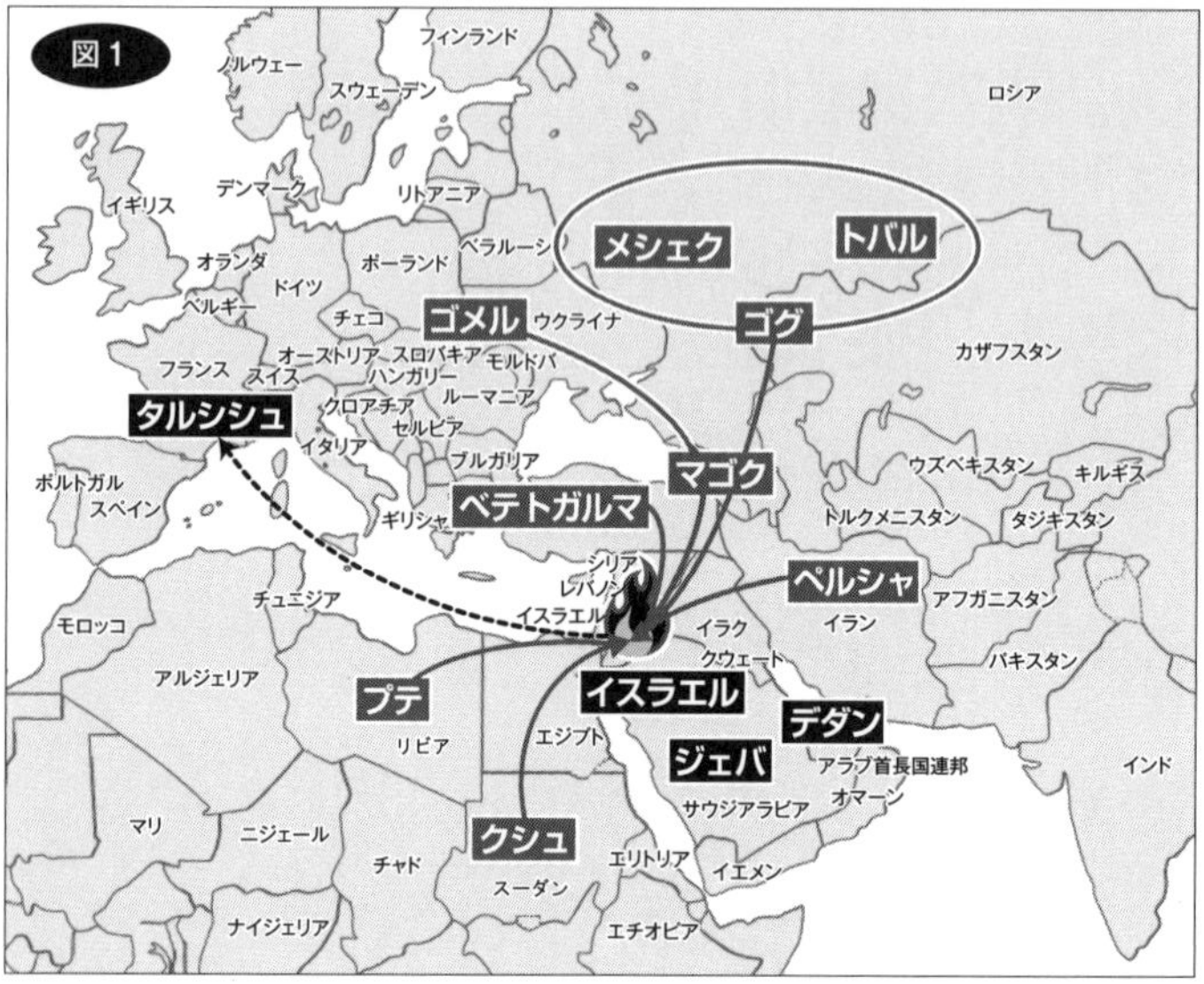

（ロシア）の連合国は、イスラエルを攻撃するというストーリーなのです。ゴグ（ロシア）を援軍するために南から攻めてくるのは、プテ（リビア）とクシュ（スーダン）であり、それにエチオピアも加わるのでしょうか。

一方、イスラエルを後方から支援するのは、「ジェバ」や「デダン」といったアラビア半島の国々で、現在のサウジアラビアなどのアラブ諸国なのでしょうか。そして、イスラエルは八方ふさがりになり、「タルシシュ」というヨーロッパの地域に逃げていくとされています（図1参照）。

「それゆえ、人の子よ、ゴグに預言して言え。主なる神はこう言われる、わが民イスラエルの安らかに住むその日に、あなたは立ちあがり、15北の果のあなたの所から来る。多くの民はあなたと共におり、みな馬に乗り、その軍隊は大きく、その兵士は強い。16あなたはわが民イスラエルに攻めのぼり、雲のように地をおおう。ゴグよ、終りの日にわたしはあなたを、わが国に攻めきたらせ、あなたをとおして、わたしの聖なることを諸国民の目の前にあらわして、彼らにわたしを知らせる。」（エゼキエル書38：14–16）

ここで書かれているのは、神の存在を知らしめるために、こういった戦争が起こるということ、つまり神の計画だということです。

「しかし主なる神は言われる、その日、すなわちゴグがイスラエルの地に攻め入る日に、わが怒りは現れる。19わたしは、わがねたみと、燃えたつ怒りとをもって言う。その日には必ずイスラエルの地に、大いなる震動があり、20海の魚、空の鳥、野の獣、すべての地に這うもの、地のおもてにあるすべての人は、わが前に打ち震える。また山々はくずれ、がけは落ち、すべての石がきは地に倒れる。21主なる神は言われる、わたしはゴグに対し、すべての恐れを呼びよせる。すべての人のつるぎは、その兄弟に向けられる。22わたしは疾病と流血とをもって彼をさばく。わたしはみなぎる雨と、ひょうと、火と、硫黄とを、彼とその軍隊および彼と共におる多くの民の上に降らせる。23そしてわたしはわたしの大いなることと、わたしの聖なることとを、多くの国民の目に示す。そして彼らはわたしが主であることを悟る。」（エゼキエル書38：18－23）

イスラエルが攻撃された、その時に中東で天変地異が起こり、ロシア軍は滅亡すると解釈されています。普通に考えると、一つの国対複数の国ですから、明らかに多勢に無勢。イスラエルに勝ち目はなさそうですが、ここで神が介入されるというのです。神の介入によって、巨大地震が引き起こされ、敵軍内で同士討ち（仲間割れ）が生まれ、疫病、豪雨、雹《ひょう》、火、硫黄を敵に降らせるのです。これは、神とその民（イスラエル人）に敵対する国々へのいわば「神の裁き」なのでしょう。こうしてイスラエルは、ロシアの連合軍を打ち破り、勝利するとされています。さらに神の力と正義が全世界に知らされ、多くの人が神の存在を知ることになると預言されているのです。

エゼキエル戦争が起こる条件

まず、エゼキエル戦争はどこで起こるのでしょうか。

『エゼキエル書』の第39章には、戦争はイスラエルの地で起こると書かれています。

「あなたとあなたのすべての軍隊およびあなたと共にいる民たちは、イスラエルの山々に倒れる。わたしはあなたを、諸種の猛禽《もうきん》と野獣とに与えて食わせる。５あなたは野の面《おもて》に倒れる。わたしがこれを言ったからであると、主なる神は言われる。」（エゼキエル書39：4－5）

ここで言う「あなた」とは、ゴグ（ロシア）のことであり、つまりロシアの連合軍がイスラエルの地に攻め込んで来て、そこで戦闘が行われるということです。イスラエルは多くの預言において、神の特別な介入や神とイスラエル人（ユダヤ人）の関係の中心地として描かれています。エゼキエル戦争においても、イスラエルでは神がイスラエル人を救い、自身の力を示す場所になるということです。

次に、エゼキエル戦争はいつ起こるのでしょうか。

正確な日時までは書かれていませんが、エゼキエル戦争が起こる条件はいくつかあります。参考になるのは、『エゼキエル書』第38章の以下の預言です。

「多くの日の後、あなたは集められ、終わりの年にあなたは戦いから回復された地、すなわち多くの民の中から、人々が集められた地に向かい、久しく荒れすたれたイスラエルの山々に向かって進む。その人々は国々から導き出されて、みな安らかに住んでいる。」

（エゼキエル書38：8）

まず、「多くの日の後」と書かれていますから、エゼキエル預言からかなりの年月が経っている必要があります。現在はエゼキエル預言から2600年後ですから、十分な日が経っています。そのため、この条件はもうクリアしていると考えられます。

この聖句から、エゼキエル戦争が起こる条件について、エゼキエル預言から多くの日が経ち、イスラエルという国が存在し、イスラエル人が安心して自分たちの国に住んでいることが挙げられます。

「あなたは戦いから回復された地、すなわち多くの民の中から、人々が集められた地に向かい、久しく荒れすたれたイスラエルの山々に向かって進む。」の箇所は、イスラエルのことを指しており、イスラエルという国が存在している必要があります。

いまでこそイスラエル国はありますが、ずっと存在していたわけではありません。イスラエル人は、かつてローマ帝国に支配されており、その後「ユダヤ戦争」という形で反乱を起こすも敗北します。紀元70年にはローマ軍によってイスラエルの首都エルサレムが破壊され、事実上イスラエル人の国家は消滅してしまいました。その後、イスラエル人は散り散りになってしまい、世界各地に移住していきます。

しかし、後にイスラエル人たちは、なんと１９００年近くの期間を経て１９４８年にイスラエル国を再建します。これは歴史上類を見ない出来事ですが、実はイスラエル国の復活も、『エゼキエル書』第37章で預言されていました。

「あなたは彼らに言え。主なる神は、こう言われる、見よ、わたしはイスラエルの人々を、その行った国々から取り出し、四方から彼らを集めて、その地にみちびき、22その地で彼らを一つの民となしてイスラエルの山々におらせ、ひとりの王が彼ら全体の王となり、彼らは重ねて二つの国民とならず、再び二つの国に分れない。」(エゼキエル書37：21—22)

まさに現在のイスラエルという国は預言通り、「戦いから回復された地」、「多くの民の中から人々が集められた地」なのです。また、「その人々は国々から導き出されて、みな安らかに住んでいる」と書かれていますが、これはイスラエル人が自分たちの国に安心して住んでいるということです。

これに続く第37章第24節には、「わがしもべダビデは彼らの王となる。彼らすべての者のために、ひとりの牧者が立つ。彼らはわがおきてに歩み、わが定めを守って行う。」とあります。ダビデは古代イスラエルの象徴的な王で、愛された人という意味でも登場し、イエス・キリストは「ダビデの子」と呼ばれています。果たして、現在のイスラエルの王は「ダビデの子」と呼ぶにふさわしい人物なのでしょうか。また、「彼らはわがおきてに歩み、わが定めを守って行う。」ともあります。つまり、神の掟や戒めを守って統治されているのでしょうか。

ただし、イスラエル（ユダヤ人）は長い間国を持たず、世界中に散りながら迫害されたり殺されたりといった過酷な経験をしてきています。それに比べると、自分たちの国があって、一定の軍事力によって守られていて安全だと感じている可能性は十分にあります。「みな安らかに住んでいる。」というのは、2024年の世界の幸福度ランキングでイスラエルが第5位だという順位が示しています。この調査が行われたのは、ハマスの襲撃があった2023年10月7日以後のことです。こうして見ていくと、エゼキエル戦争がいつ起こってもおかしくない時代であるとも言えます。

先ほども説明したように、エゼキエル戦争はただの軍事的な戦いではありません。神がなさることには、すべて意味や目的があると解釈されていて、神の力と正義がイスラエル人だけでなく、全世界に知らされる戦争だということなのです。

2600年前の技術では、世界中の人々に神の力と正義を伝えることは難しかったかもしれません。しかし、現代の情報通信技術をもってすれば、いともたやすいことです。テレビやインターネット、ＳＮＳを通じて、全世界に映像を拡散することが可能です。イスラエルを通して、世界のすべての人が救われることが神の願いなのかもしれません。

未来を変えるための警告

未来のいつの日か、イスラエルの地で、エゼキエル戦争が始まると預言されています。ロシアの連合軍が突然攻撃を開始し、イスラエルを襲います。ロシアの本来の目的は、イスラエルや周辺国の富や資源を奪うことかもしれません。

「シバ、デダン、タルシシの商人、およびそのもろもろの村々はあなたに言う、『あなたは物を奪うために来たのか。物をかすめるために軍隊を集めたのか。あなたは金銀を持ち去り、家畜と貨財とを取りあげ、大いに物を奪おうとするのか』と。」（エゼキエル書38：13）

すでに紹介したように、シバ（ジェバ）とデダンはイスラエルに協力すると思われるアラブ諸国です。それらの物を奪うために、ゴグ（ロシア）は攻めてくると預言されているのです。実際、イスラエルにはハイテク・情報通信分野において高い技術力があります。また、イスラエルでは、１９９６年に排他的経済水域内に巨大な天然ガス田が発見され、エネルギー源として注目されました。２０１０年代には、東地中海に天然ガスと原油が埋蔵されていることがわかり、エジプトとイスラエルが接近し、域内諸国のエネルギー協力の気運が高まりました。イスラエルを支える１００年から１２０年分の天然ガスが埋蔵されているとも言われています。つまり、ロシアはイスラエルの天然ガスと科学技術が喉から手が出るほどほしいのです。もし、ロシアがイランやトルコと協力して北から攻撃することがあるとすれば、それはイスラエルのエネルギーと財産と科学技術を狙ったものかもしれません。また、エフゲニー・プリゴジン（故人）が率いていたロシアの民間軍事会社ワグネル・グループは、アフリカ北部で活動を活発化させてきました。もし南からイスラエルを攻めるとすれば、こちらも預言通りになるかもしれません。

ロシアは、トルコやイランといった国々に支援をしていたり、あとは唯一の海外軍事拠点であるシリアの港を軍港として押さえ、そこに原子力潜水艦を常駐させていたりしています。言ってみれば、ロシアとイスラエルは、距離は離れているけれども、ロシアはいつでもイスラエルを攻められるような態勢がすでに整っているのです。

パレスチナ問題があったために、イスラエル（ユダヤ人）とアラブ人は長く握手することができなかったのですが、一歩一歩、関係を構築してきたのも事実です。『エゼキエル書』に登場する、アラビア半島の国ジェバとデダンは、現在のサウジアラビアやＵＡＥ（アラブ首長国連邦）といった国々だと推測するのですが、そういう国がイスラエルを支援するのは、これまでは到底考えられませんでした。

しかし、２０２０年9月、当時のトランプ大統領が仲介し、イスラエルがＵＡＥとバーレーンとの間でそれぞれ国交を正常化させる合意にこぎ着けたのです。これがいわゆる「アブラハム合意」ですが、これについては後述します。

また、同年末までにスーダンとモロッコとも同様の合意に達しています。さらに、サウジアラビアとイスラエルとの国交正常化も俎上《そじょう》に乗っていた矢先、23年10月のイスラエルとハマスの戦闘が激化する中で、関係正常化は凍結されてしまいます。

そもそも１９７８年に、当時のジミー・カーター大統領の仲介でエジプトのサダト大統領とイスラエルのベギン首相の間で和平交渉が結ばれ、戦闘行為を停止することが合意されました。その後94年に、当時のビル・クリントン大統領の仲介でヨルダンのフセイン国王とイスラエルのラビン首相が「ワシントン宣言」に調印し、平和条約が締結されました。こうしたアラブ諸国とイスラエルとの中東和平を実現させ、アラビア半島の国がイスラエルを支援するという構図は徐々にできあがっていたのです。

ところが、先ほどのゴグ（ロシア）の連合軍にとっては、それは好ましいシナリオではありません。ペルシャ（イラン）とイスラエルの対立が、ある時から鮮明化するのです。現在では、イランとイスラエルの対立を主軸に考えるべきかもしれません。イランは、以前はイスラエルと良好な関係でしたが、１９７９年のイラン革命で過激なイスラム原理主義者が指導者になったことで、一転して「反イスラエル」の立場を鮮明にします。パレスチナのイスラム組織「ハマス」や、レバノンのシーア派組織「ヒズボラ」などを支援することで、イスラエルを間接的に攻撃し続けているのです。

こうしたイスラエルとイラン、ロシア、アラブ諸国との関係は、もしかしたら『エゼキエル書』の預言に近づいているのかもしれません。ゴグ（ロシア）の連合軍とイスラエルの連合軍の対立であるエゼキエル戦争が、アジアを含めた第3次世界大戦という大きな戦いに発展してしまわないようにするのも、預言書の使命のはずです。決してあらかじめ予定されている予言ではなく、あくまでも神より授けられた預言であり、未来を変えることのできる警告だと考えるべきなのです。『エゼキエル書』には、こうあります。

「あなたは備えをなせ。あなたとあなたの所に集まった軍隊は、みな備えをなせ。そしてあなたは彼らの保護者となれ。」（エゼキエル書38：7）

イスラエルの民だけではなく、すべての人に「備え」の必要性を説いているのではないでしょうか。争いや戦いからは何も得られないことは、第2次世界大戦を経験した日本人を始め世界中の人たちが骨身に染みてわかっていることです。『エゼキエル書』に書かれている内容のごとく国際情勢が進むのであれば、同時に未来は変えられることも肝に銘じることかもしれません。

中東はなぜ不安定なのか？

では、なぜ中東はこれほどまでに不安定な状況が続いているのでしょうか。

中東という言葉は、イギリスから見て東にあることに由来します。中東の範囲の定義は、イギリスの政治行政官によるものとの説が有力です。イギリスから見て東側、トルコ周辺（当時のオスマン帝国周辺）を「近東」、そこからさらに東、インド手前までのアラブ地域を「中東」、そしてインドよりももっと東にあるエリアを「極東」と位置付けたのです。具体的に中東とは、諸説あるのですが、アラビア半島諸国と、トルコ、イスラエル、エジプト、ヨルダン、レバノン、パレスチナ、シリア、イラク、イラン、アフガニスタンを含むエリアを指しています。

また、アラビア語を言語とする国々のことを「アラブ」と呼びますが、スーダン、リビア、アルジェリア、チュニジア、モロッコ、モーリタニアなどの国々もアラビア語圏になります。同時に、これらの国々は宗教もイスラム教であり、文化的にも精神的にも中東の国々と通じるものがあります。つまり、中東的世界は日本人が考える以上に、ものすごく広大なエリアに広がっているのです。

中東地域の近現代史に視点を移して、この地域が不安定化している歴史的な背景についても知ってほしいのです。それは中東に混沌を生み出したイギリスの「三枚舌外交」についてです。「三枚舌外交」とは、第1次世界大戦（1914年〜1918年）で、イギリスがドイツの同盟国であったオスマン・トルコとの戦いに勝つために、場当たり的に結んだ三つの矛盾した約束です。

一つ目が、第1次世界大戦の開戦翌年1915年に締結された「フサイン＝マクマホン協定」です。当時アラブ人は、オスマン・トルコ帝国の支配下にありました。イギリスはアラブ人たちに、「オスマン・トルコ帝国に対して反乱を起こせば、アラブ人のオスマン帝国からの独立を支持すると約束したのです。内乱が起これば、オスマン・トルコ帝国は戦争どころではなくなります。イギリスは、オスマン・トルコ帝国が内部から崩壊するようにアラブ人をそそのかしたのです。その結果起こったのが「アラブの反乱」（1916年）です。

二つ目が、その翌年16年に締結された「サイクス・ピコ協定」です。イギリスがロシアとフランスに約束したもので、戦争に勝ったらオスマン帝国のアラブ人地域をこの3カ国で分けるというものです。具体的には、イギリスがシリア南部とイラクの大半を含む南メソポタミアを、フランスがシリアやレバノン地方とアナトリア南部、イラクの一部を、ロシアは黒海東南地域を、そしてパレスチナを含むエルサレム周辺地域は国際管理地域というものでした。要するに、イギリスは当時植民地のインドとの貿易で莫大な利益を挙げていました。このインドとの貿易に欠かせないのが、スエズ運河でした。スエズ運河を手中に収めていなければ、アジアとヨーロッパの貿易は、アフリカ大陸を一周することになり、時間的にも資金的にもコストが膨大になってしまいます。そこで、イギリスは戦争が終わる前に、フランスと植民地を分ける約束をしたのです。

また、この協定による3カ国の思惑に沿い、宗教や民族を無視して人工的に国境を分断し植民地化されたため、植民地からの独立後も「宗教や民族のまとまりがなく、国としての感覚が薄い」ことや「独裁者がいないと統治しにくい」という状態で混乱が起こりやすい状況になっているのです。たしかに、この地域の地図を見ればわかりますが、シリアやレバノン、イラクの国境線は直線になっています。これは「サイクス・ピコ協定」の名残なのです。

三つ目が、その翌年17年の「バルフォア宣言」です。イギリスが勝ったら、イスラエルというユダヤ人の国をつくるという約束です。イギリスは、長引く戦争のために財政事情が厳しくなっていました。そのため、資産家の多いユダヤ人たちから財政的支援を引き出したいという思惑があったのです。戦争が終わり、約束されたユダヤ人がイスラエル・パレスチナ周辺にやってきました。当然、この地に住んでいたアラブ人たちと対立を起こします。イギリスは、対立を大きくしないためにユダヤ人たちの年間受け入れ人数を決めていました。これに不服であったユダヤ人たちはテロを起こします。最終的にイギリスは、第2次世界対戦終了後に、この問題にはもう対処しきれないと国際連合に丸投げします。

その結果、地域に暮らす人の約80%を占めるアラブ人を追い出し、第2次世界大戦後の48年にユダヤ人はイスラエルという国を建国するのです。

さらに、中東という地域は世界的な石油の産油地域であり、交通の要所であるということも相まって、アメリカなど大国との利害関係が複雑に絡まりあい、紛争や内戦が頻発する、世界的にも不安定な地域となってしまったのです。

イスラエルとアラブ、戦争の歴史

ここでは、少し時計の針を戻して、1948年のイスラエル建国以前についても考えてみます。つまりユダヤ人入植者が入ってくる前にも、このアラブの地に住むユダヤ人はおり、異教徒の隣人として共存していました。

そもそもパレスチナの地域は、『聖書』にも「乳と蜜の流れる土地」（肥沃《ひよく》な大地）と書かれ、中世においては十字軍やナポレオンの遠征などがあった、世界史の授業でも習う歴史の中心舞台だったのです。16世紀以降は、オスマン帝国の一部として、イスラム教徒、キリスト教徒、ユダヤ教徒が共存していました。

以前、対談させていただいたシアム駐日パレスチナ大使は、私にこう語りました。

「オスマン帝国時代は平和だったんです。ガザの地域では、港も、空港も、鉄道もあり、車も走っていて、多くの人が普通に豊かに生活していたんです。それはオスマン帝国の統治方法が多民族社会になじんでいたからです。宗教や民族が違っても、税金さえ払えば、軍人にもなれ、政治家にもなれた」

しかし、19世紀になり、西欧帝国主義諸国が中東に進出し、オスマン帝国は崩壊の危機を迎えます。同時にオスマン帝国からの独立をめざすアラブ人たちの民族主義の動きが活発化していきます。また、7世紀から10世紀にかけて、いまのウクライナ周辺にあったハザール王国は、ユダヤ教を国教としていました。そのハザール人たちが国を失い、ヨーロッパ各地に移住し暮らしました。

しかし、時を経て、ユダヤ人は各地で差別や迫害を受けました。19世紀になり、ユダヤ人たちのなかに、パレスチナの地に国家建設をめざす「シオニズム」運動が生まれます。19世紀末には、ロシアでのユダヤ人迫害を背景に、ユダヤ人のパレスチナ移住が盛んになり、ユダヤ系の金融資本による土地の買い占めや農地開拓が始まるのです。さらに、ユダヤ人たちは、1930年代からのナチスによる迫害、ホロコースト（国ぐるみのユダヤ人大量虐殺）を経験するのです。

こうしたなかで、第2次世界大戦後、シオニズムを唱えたダヴィド・ベン＝グリオン（イスラエル初代首相）たちにより、パレスチナ地域へのユダヤ人の入植は激増し、イギリスから問題を丸投げされた国連は、47年にパレスチナ分割案を採択します。分割案は、パレスチナの全人口約3分の1の60万人にすぎないユダヤ人に、パレスチナの56・5％を与えるもので、ユダヤ人にとって有利なものでした。こうしてアラブ陣営の意見を封印したかたちで、強行にイスラエルは48年5月14日に建国されたのです。

そして、建国の翌日15日に、イスラエル建国に反対していたアラブ諸国が攻めて、第1

次中東戦争（パレスチナ戦争）が勃発します。イスラエル対エジプト、ヨルダン、レバノン、シリア、イラクのアラブ諸国との間の戦争です。アラブ側の軍隊は、15万人以上の兵力、一方イスラエル側は3万人の兵力でした。数で劣ったイスラエルでしたが、イギリスやアメリカの支援のもと、この戦争に勝利し、パレスチナ分割案のときよりもイスラエルの領域を大幅に拡大しました。一方、敗北して土地を失ったアラブ人たちは、約70万人のパレスチナ難民となり、周辺諸国に流入しました。これにより、現在も続くパレスチナ問題として禍根を残すことになるのです。

１９５６年には、第2次中東戦争（スエズ戦争）が勃発します。エジプトの新しいアスワン＝ハイ＝ダムが、イギリスとアメリカの協力のもとに建設される予定だったのですが、エジプトが東側から兵器を購入したことで、この計画が頓挫するのです。そのため、対抗措置としてナセルエジプト大統領がスエズ運河を国有化すると宣言しました。

イギリスやフランスはスエズ運河の大株主だったのでこれに反発し、第1次中東戦争でエジプトと戦ったイスラエルをけしかけ、英仏はこれを支援しました。イスラエルと、イギリス・フランス軍が出兵しましたが、「イギリスが自らの利害のために民族対立を利用して戦争を仕掛けた」という事実に国際的な非難が集中しました。その後、国連の即時停戦決議や、ソ連（当時）によるエジプト支援の表明、アメリカの反対などにより撤退し、その後スエズ運河の国有化が承認されたのです。

1967年には、第3次中東戦争が勃発します。ゴラン高原のユダヤ人入植をめぐってイスラエルとアラブの緊張が高まり、イスラエルの先制攻撃で始まりました。第2次中東戦争後、イスラエルからのパレスチナ奪還と、パレスチナ難民の帰還を目標にしたPLO（パレスチナ解放機構）が設立されると、PLOはイスラエルへ武力闘争を開始します。PLOのゲリラ活動に手を焼いたイスラエルは、「アラブ側を黙らせる」示威行動として、突如エジプト、シリア、ヨルダンを攻撃し、パレスチナとシナイ半島の全域を占領したのです。たった6日間でイスラエル側に敗北したアラブ人は、パレスチナを完全に失い、新たなパレスチナ難民となりました。エジプト・シリア・ヨルダン・イラクの軍事基地は破壊され、イスラエルは戦争に勝利し、ヨルダン川西岸地区・ガザ地区・シナイ半島（後に返還）・ゴラン高原を占領します。短期間で決着したので、別名「六日戦争」とも呼ばれました。

１９７3年には、第4次中東戦争が勃発します。第3次中東戦争で惨敗したアラブ側が、反撃した戦いです。ナセルが死去したあと、エジプト大統領になったサダトは軍備を増強し、シリアとともにイスラエルに奇襲攻撃を仕掛けました。ゴラン高原やシナイ半島で戦闘が行われ、またしてもイスラエルが勝利します。この戦争中、アラブ側は奥の手を使います。イスラエル支援国に対するアラブ原油の販売停止または制限をするという石油戦略をとり、ＯＡＰＥＣ（アラブ石油輸出国機構）の原油価格を4倍にしました。要するに、イスラエルを支援しているアメリカやイギリスは原油の輸入をアラブ諸国に頼っていたため、価格が上がったり、手に入らなったりすれば、国力も弱まり、イスラエルを支援できなくなるだろうと考えたわけです。その結果、世界中でオイルショックが起こりました。最初はアラブ側が優勢でしたが、しだいにイスラエル優勢になりました。そこでアメリカが調停に入り、アラブ側はシナイ半島のガザ地区、ヨルダン川西岸地区を回復することになります。同時期に、ドルの固定相場制から変動相場制に変わるきっかけとなったニクソン＝ショック（71年）が起きており、ブレトン＝ウッズ体制は崩壊し、この石油戦略とともに世界経済は混乱しました。

このように、中東戦争はイスラエルと周辺のアラブ諸国との戦いであり、1948年から73年まで断続的に4回の戦争が起こりました。長い間、エルサレムなど聖地が含まれるパレスチナ地域は、ユダヤ教、キリスト教、イスラム教が互いに領有を望みつつも、共存してきた歴史はすでに説明しました。

近現代史に絞って言えば、イギリスの「三枚舌外交」が、中東地域における混乱と争いの原因の一つとなり、48年のイスラエル建国がオスマン帝国時代の共存社会を徹底的に排斥、崩壊させてしまったのです。

イスラエルを陰で支えるのはアメリカ

『エゼキエル書』の主役がイスラエル（ユダヤ人）であるとすれば、陰で支えるのがアメリカではないでしょうか。現在、米国内のユダヤ系は約750万人、人口全体の2％あまりですが、アメリカの政治、経済（金融）を牛耳るのがユダヤ資本だと言われ、世界に対して隠然たる影響力を持っているのは誰もが認めるところでしょう。

１９４８年、初代イスラエル首相のダヴィド・ベン＝グリオンがイスラエルの建国宣言をしてすぐに、アメリカのトルーマン大統領（当時）は国家承認をしました。また、冷戦時代には、ケネディ大統領（当時）が「中東におけるイスラエルとの特別な関係は、世界でイギリスとの関係に等しく比類ない」と発言し、アラブ諸国に接近したソビエト（ロシア）に対抗するため、イスラエルに軍事支援や財政支援を行いました。

それは現在も基本的には継続していますが、トランプ大統領時代は、対中東に関してはスマートな外交を展開しました。トランプ氏は前述したように、２０２０年の「アブラハム合意」によりＵＡＥとイスラエルの国交を正常化させただけでなく、彼が大統領の間には一度も戦争を起こしていません。トランプ氏は、サウジアラビアに武器を売るなどの、お金を稼ぐビジネスとして、国際関係を見ていたのかもしれません。交渉を重視し、争うことの愚かさを知っているのでしょう。

一方、民主党政権時代には必ずと言っていいほど戦争が起きています。アラブの春、シリア内戦、イエメン内戦が勃発し、アルカーイダやＩＳ（「イスラム国」）といったテロ組織が活動を活発化させたのは、オバマ大統領時代です。また、バイデン大統領時代にもアメリカと中東諸国の関係は悪化しています。

２０１８年にトルコのサウジアラビア領事館で起きた、ジャーナリストのジャマル・カショギ氏の殺害事件に関して、人権問題に厳しいバイデン氏は国際社会に向けて追及の手を休めませんでした。カショギ氏はサウジアラビアのサウード家（王族）のスキャンダルや批判を発表し続けたため、サウード家の指示で殺害されたと言われていたからです。バイデン氏は、この殺害事件を外交問題にまで広げてしまったのです。


ただし、共和党であろうと、民主党であろうと、イスラエル支持に関しては一貫しています。防衛義務に定めた安全保障条約はないものの、アメリカはイスラエルを主要な同盟国として、揺るぎない支援をしています。16年のオバマ大統領時代には、イスラエルと覚書に調印し、10年間で３８０億ドルの武器をイスラエルに提供する約束をしました。

アメリカ・イスラエル公共問題委員会（ＡＩＰＡＣ、エイパック）は、両国関係を維持するロビイスト団体ですが、年次総会には、議員や閣僚らが超党派で参加します。資金力、組織力で選挙情勢をも左右する世界最大のユダヤ人組織でしょう。

しかし、若者世代にはイスラエルにより非人道的な行為を受けているパレスチナ住民に人道的な配慮をすべきだという意見が増え、イスラエル離れをしているとも言われます。そのため、民主党は最近パレスチナ支持の傾向にもあります。一方、共和党はなおもイスラエル支持が多く、米国民の4分の1を占める最大の宗教勢力である福音派（エバンジェリカル）が勢力を維持しています。『聖書』信仰を重んじ、イスラエルを擁護する傾向にあります。

２０１６年の大統領選挙では、白人エバンジェリカルの大多数がトランプ氏に投票したと言われました。トランプ氏はイスラエルの右派勢力と関係を深めたのでしょう。17年12月にアメリカ政府は、正式にエルサレムをイスラエルの首都と認め、翌年5月からエルサレムのアメリカ大使館は業務を開始しました。エルサレムはキリスト教、イスラム教、ユダヤ教のそれぞれの聖地ですから、どこかが独占すると紛争の火種になります。にもかかわらず、トランプ氏はテルアビブからエルサレムに米大使館を移し、パレスチナ援助を打ち切りました。大使館の業務開始に関して、トランプ氏は、「イスラエルは他の主権国家と同時に、自らの首都を決める権利を持っている。この事実を認めることが平和を達成する必要条件である」と語ったのです。この決定は大統領選挙でトランプ候補を支援し、勝利に貢献した福音派に報いるものでした。

福音派は、トランプ大統領（当時）をペルシャの王キュロス2世の再来だと信じています。紀元前586年にユダヤ王国の首都エルサレムは、バビロニアのネブカドネザル王に征服され、ユダヤ人は捕われの身になり、バビロンに連行され、約50年の間、捕虜生活を強《し》いられました。これが前述した「バビロンの捕囚」と呼ばれているものです。紀元前537年に直令を出して、ユダヤ人を捕囚から解放したのがキュロス2世です。同時に、エルサレムの再建も命じたのです。『旧約聖書』ではキュロス2世はメシア（救世主）と称《たた》えられているほどです。

このように、アメリカのイスラエルびいきは、福音派をベースにしています。核開発に関しても、イスラエルは事実上の核保有国であり、核弾頭を90発保有しているとも言われます。一方、アメリカの歴代政権はイランの核開発を強く牽制していますが、イスラエルについては不問です。このダブルスタンダードは、あまりにも露骨です。

アメリカからイスラエルへの軍事援助の資金は、国防総省から直接、アメリカの兵器製造企業に渡さ、製造された武器はイスラエルに送られます。資金はアメリカ国内で還流しているわけです。つまり、国民の税金は兵器産業の口座に振り込まれ、兵器の納品はイスラエルの基地というわけです。

イスラエルへの軍事援助は、現在でもアメリカの軍事産業に大きな恩恵をもたらしています。イスラエルの進歩派の雑誌『Ｔａｂｌｅｔ（タブレット）』は、「アメリカのイスラエルへの援助は過去10年間で急増している。軍事援助の増加によってもたらされたアメリカの恩恵は、援助額よりもはるかに大きい」「軍事援助は、アメリカの武器製造企業にとって裏口から補助金を提供する役割を果たしている」と指摘しているのです（２０２３年7月17日、「End U.S. Aid to Israel」）。アメリカの軍事援助で、アメリカの軍事産業とイスラエルの軍事産業の間に「特別な関係」が作り上げられているいま、基軸通貨ドルの地位が揺らがない限り、ある意味、終末まで戦いは続けられるのです。

ゴグ（ロシア）の後にいるのは中国か

エゼキエル戦争の主役がイスラエルであれば、その敵役はゴグ（ロシア）の連合軍ということになります。しかし、現実の国際情勢は日々変化しており、各国が引っ付いたり離れたりしながら国益を追求しているので、単純な図式化では理解できません。２０２２年のロシアによるウクライナ侵攻以後、ロシアは日本を含めた西側諸国から経済制裁を科されていますが、多くの国はエネルギーや兵器の取引を継続し、プーチン大統領は世界のメディアに取り上げられています。

特に、石油や天然ガスといったエネルギー分野で、ロシアと中東は切っても切れない関係性があります。国益として、ロシアと中東は支え合う関係にあるため、中立の立場を崩さないのです。その証拠に、23年6月、ＵＡＥのシェイク・ムハンマド氏は、プーチン大統領とサンクトペテルブルクで首脳会談を行いました。さらなる経済協力を約束するとともに、ＢＲＩＣＳ（ブラジル、ロシア、インド、中国、南アフリカ）による新通貨についても協議しています。24年よりＢＲＩＣＳにはエジプト、エチオピア、イラン、サウジアラビア、ＵＡＥ等の国が新規加盟し、「拡大ＢＲＩＣＳ」とも呼ばれています。こうした動きは、米中対立とも関連して石油取引のドル体制にも影響していくことが必至なのです。原油取引がドル建てで行われている「ペトロダラー」に関しては、第1章で論じることにします。

ロシアのプーチン大統領は、23年10月7日以降のイスラエル・ハマス戦争についても、イスラエルの非人道的な攻撃に対して、非難声明を表明しています。こうした立場のロシアと、UAEを中心としたアラブ圏が、距離感を縮めていることは間違いありません。私はUAEの観光地として有名なドバイには何度か行っているのですが、ロシア人の観光客が非常に多いという印象を持ちましたし、今後もロシアと中東アラブ圏の繋がりは、さらに一層深まると考えています。

民主党政権下で、アメリカの関与が中東地域で弱まるなか、相対的に影響力が高まっているのがロシアなのです。また、シリアをめぐり、トルコやイランとの関係を深めてきたのもロシアです。プーチン大統領は、イスラエルべったりのアメリカに対抗する姿勢を示しているとも言えます。

23年3月、アメリカのオースティン国防長官がイスラエルを訪問し、中東情勢について議論した直後に、超特大のニュースが流れました。中国を仲介とした、イランとサウジアラビアの国交正常化です。両国が国交正常化したことにより、中東が新時代に突入したことは間違いありません。中国の習近平国家主席が掲げる「一帯一路構想」の実現のためには、中東の安全と安定は欠かせないのです。そのため、中国は中東アラブ圏の国々を次々と味方につけており、石油取引や経済協力において、双方の国益は合致しているのです。

そうした動きのなかで、23年6月にカタールの衛星テレビ局アルジャジーラがニュース記事で、「さようならアメリカ、こんにちは中国」というセンセーショナルな見出しを打ち出しました。アルジャジーラはアラブ圏におけるCNNニュースのような影響力がある放送局なので、当時話題を集めました。この地域におけるアメリカの関与が弱まってきているとの象徴として、このフレーズは捉えられたのです。

中国がサウジアラビアとイランに対して、包括的戦略的パートナーシップという最上位の地位を与え、国交正常化にこぎ着けたのは、まさに習近平国家主席の外交手腕のなせる業《わざ》と言わざるを得ません。アメリカがイランに科している厳しい経済制裁措置に対して、イランへの中国の措置はイランの経済的利益を約束するものなのです。

米中の対立が激化するなかで、中国の外交的なプレゼンスがますます高まり、ロシアもその渦の中に巻き込まれていくようです。エゼキエル戦争の主役であるイスラエルの陰にはアメリカが控えており、一方のゴグ（ロシア）のバックでは中国が糸を引いているような構図が見え隠れしています。

第2章
イスラエルvs反イスラエル

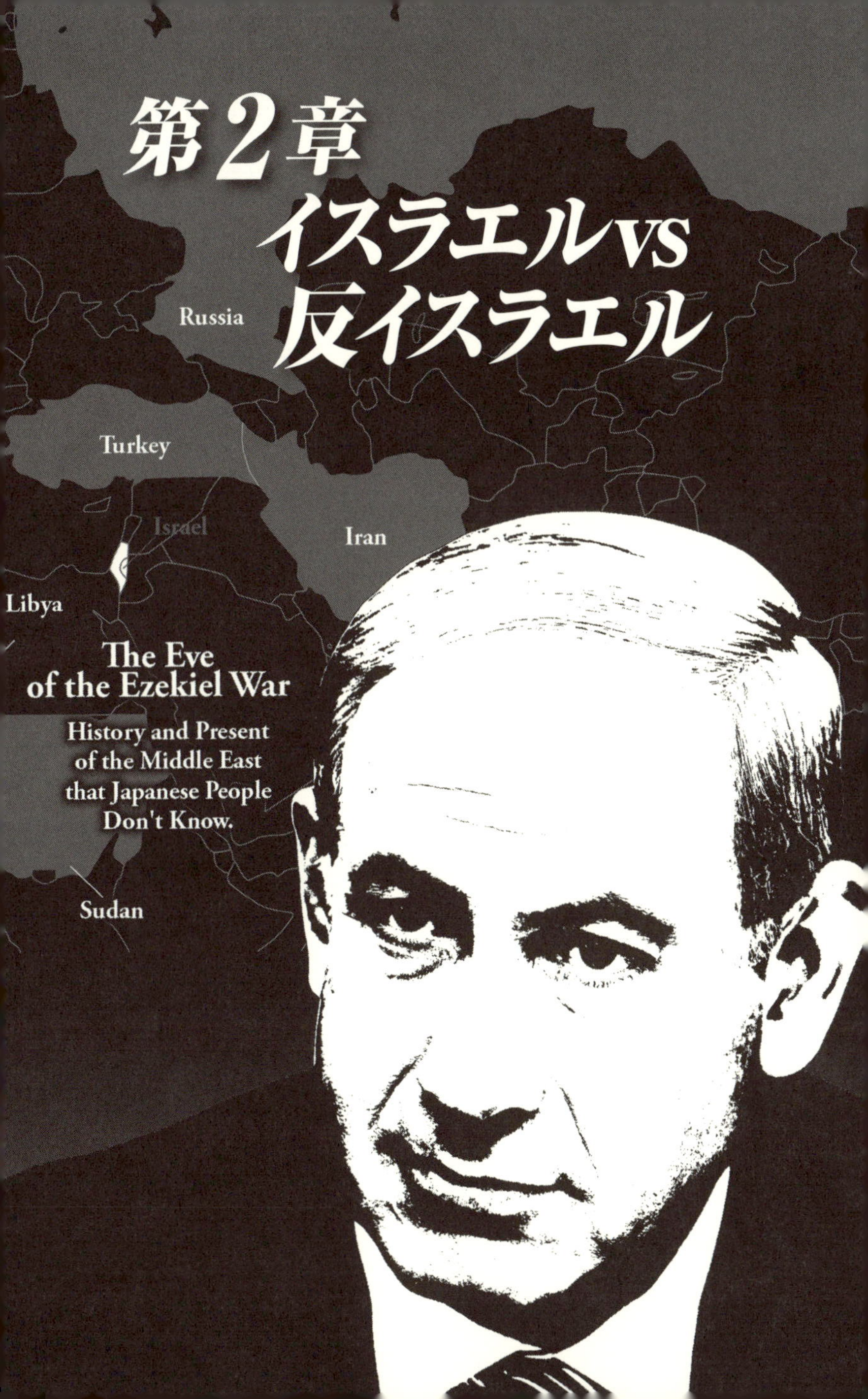

The Eve
of the Ezekiel War

History and Present
of the Middle East
that Japanese People
Don't Know.

日本のメディア報道は偏っている

第1章で、エゼキエル戦争におけるイスラエル連合軍とゴグ（ロシア）連合軍の対立と、パレスチナの簡単な歴史について説明しました。しかし、現実の国際社会は、2つのブロックに分かれる単純な構図ではありません。その証拠に、アラブの盟主と言われるサウジアラビアはアメリカとも長年友好関係にあり、その仲介でイスラエルと接近したり、また中国との仲介でイランと接近したりするのです。

イスラエルとアメリカの強力な結びつきに対して、イランやトルコ、ロシアを中心としたアラブ諸国が「反イスラエル」の陣営をつくり、そこに中国という大国が接近していると理解したほうが現実に即しています。また、インドや日本のように、どちらとも友好的な関係を築こうと努力している、もしくは争いに巻き込まれたくないと考えている国もたくさん存在します。

預言者エゼキエルが2600年前にイメージしたほど、現在の国際社会は単純ではないことと、もう一つ『エゼキエル書』は当然ユダヤ人による、ユダヤ人のための預言書であることを忘れてはいけません。イスラエルの神は、イスラエルを最後に救う未来像を描いていますが、それではあまりにも善悪二元論的に過ぎて、国際社会を極端に偏《かたよ》った視点で解釈してしまいます。イスラエル陣営は「善」で、ゴグ（ロシア）陣営は「悪」といった単純なレッテル張りこそが、これまでの歴史で戦争を引き起こしてきたのです。

有史以来、人類の多くの戦争は、双方にとって「聖戦」であり、敵側にも信仰する神や正義が存在することを理解しません。民族や国は違えども、同じ人間が神を信仰し、正義を求め、社会をつくり、日々の生活を営んでいます。戦争はそれらすべてを吹き飛ばしてしまいます。

私は、『エゼキエル書』を100%信じているわけではないことを冒頭に説明しました。「越境3・0チャンネル」で長年、中東情勢について情報を発信している立場から、時系列でエゼキエル戦争を解釈すると、いくつもの矛盾が生じてきます。『聖書』の研究者は当時の地名と現在の国名を一致させようと文献を紐解きますが、2600年前には地図もなければ、国家という概念もいまとは違うはずです。

しかも、ロシアが大軍を連れて南下し、イスラエルを攻撃して最終戦争になるとは、具体的には書かれていません。それよりも、国際情勢を『旧約聖書』通りに動かしている「勢力」がいると考えるほうが、真実に近いのかもしれません。そうだとすれば、先読みをするためには、『旧約聖書』や『エゼキエル書』が必要になると思うのです。現在のネタニヤフ政権に、イランを刺激し、戦争の方向にもっていこうとする勢力が存在することに関しては、第3章で詳述します。

『エゼキエル書』が預言の書であるのであれば、人類が戦争のような愚かなことを繰り返していると、最後には「神様が天変地異を引き起こし、人類はひどい目にあってしまうよ」といった程度に捉えるべきかもしれません。そのことを踏まえたうえで、なぜ本書を世に問うのかと言えば、日本のメディアの海外報道がアメリカ発の情報が中心のため、偏りがあり、そのために日本人が間違った判断をしてしまうと考えたからなのです。

ドバイを知らずに世界を語るな!

世界はいま、アメリカを中心とした「民主主義国家」の陣営と、ロシアや中国を中心とした「専制主義国家」の陣営に分かれてきているとの解釈があります。しかしいまや、第三世界の主役である中東のダイナミックな動きを知らずに世界は語れないのです。

第一世界とは日本を含めた欧米先進国を中心とした資本主義世界、第二世界はかつての旧ソ連や中国などの共産圏、第三世界はそのどちらにも属さない中東やアフリカ、南アメリカの国々などのことです。また最近は、インドやブラジル、タイ、南アフリカなどの新興国、発展途上国が「グローバルサウス」と言われ、次なる経済成長が期待されています。アジアやアフリカ、中南米の多くの国が南半球にあることからグローバルサウスと呼ばれています。

かつての冷戦時代には第三世界と呼ばれていたのですが、2050年までにグローバルサウスの名目GDP（国内総生産）の合計が、アメリカや中国を上回るとの予測もあります。また、グローバルサウスの国々の人口の合計は、全世界の3分の2を占めるようになるとの予測もあり、経済成長の新しい潮流はこれらの国々に移っていくことは確実です。

いま私が度々訪れている湾岸産油国は、日本人が想像する以上のスピードで変化しています。特にＵＡＥは、七つの首長国から成る「アラブ首長国連邦」なのですが、七つの首長国はそれぞれ独自の行政下で政治や経済を動かしています。ですので、産油国のアブダビと石油を採掘しないドバイは、違う道を歩んできました。「政治のアブダビ、経済のドバイ」と言われるほどで、ドバイはかつて砂漠だった土地に運河をつくり、その周辺に近代的なビルがいくつもそびえ立ち、世界中のお金持ちが観光に訪れるような場所に変貌しました。

たとえば、ドバイにはヤシの木の形をした「パーム・ジュメイラ」という世界最大の人工島があります。この島は、ドバイが世界から企業誘致をして、世界の観光ハブを目指すという目標のもとにつくられました。また、高さ８２８ｍを誇る世界一高いタワー「バージュ・カリファ」は、高さ６３４ｍの東京スカイツリーと比べても圧倒しており、経済成長を示す象徴のようです。さらに、「世界で最も美しい建物」の一つと言われる「未来博物館」は、22年2月にオープンし、「２０７１年の未来を体感するアトラクション＆シアター」をコンセプトにしています。宇宙船のような巨大エレベーターもあれば、地球環境問題を解決する最先端技術を駆使した展示空間もあり、五感で体感できるような未来型の施設です。

私は、「ドバイという地域は、ロンドン、ニューヨークと並ぶ世界の中心になる」と、YouTubeなどで度々強調してきましたが、日本人がこのダイナミズムを知らないと世界から取り残されてしまうでしょう。

いま中東は、ドバイの成功に引っ張られるように「脱石油」を掲げ、開発投資を急激に進めています。日本が西側諸国ばかりに軸足を置いた投資や外交を展開していては、次なる成長の機会を見失ってしまうかもしれません。そもそも、200カ国近い国と80億人が暮らす世界を、単純に2つのブロックで解釈するのは無理があります。もっと幅広い視点で世界を俯瞰《ふかん》し、中東の情報に注目してほしいと思っています。

また、軍事や外交の視点だけでなく、経済や宗教といった視点からも世界を把握しないと、判断を誤ってしまいます。日本人が考える以上に、豊かになりたい、お金を稼ぎたいという動機が人間を動かしていますし、キリスト教やユダヤ教、イスラム教が国際情勢を動かしています。つまり、石油や天然ガスといったエネルギー資源や宗教的な対立を詳細に観察しなければ、中東地域の動きはつかめないのです。

この章では、こうした観点から敵対するイスラエルとイランの関係、サウジアラビアの動向、ロシアや中国が主導して、経済的な結びつきを強める「拡大BRICS」について解説します。

1979年以降、イスラエルとイランの対立激化

現在の中東地域は、『エゼキエル書』に書かれているようにイスラエルとゴグ（ロシア）が対立するというよりも、イスラエルとイラン（ペルシャ）の対立が表面化し、衝突の可能性が高まっています。

しかし、両国はいまでこそ敵対関係にありますが、1950年代、60年代には国交があり、20年以上にわたって友好な関係を維持していました。当時、イランでは親米の国王パフレヴィー2世が国を治めていて、同じく、アメリカを後ろ盾とするイスラエルとは近しい関係にあったのです。両国の間では直行便も運航され、人々の往来が盛んに行われていました。特に1979年のイラン革命が発生するまで、両国は同じ親米路線を共有し、有効な関係を享受していました。

イスラエルが48年、独立を宣言した際、アラブ諸国は一斉に反発し、宣戦布告を行いま

した（第1次中東戦争）。しかしこのとき、イランは独立したイスラエルに対して宣戦布告を行わず、翌年からイスラエルとの国交樹立の可能性を探っていました。さらに、50年にはイスラエルを事実上の国家として承認しました。この時点で両国は、アメリカとの強い同盟関係を有する親米国家であり、多くの面で協力関係を築いていました。

ところが、この状況は、これまでアメリカ資本と組んで石油資源の開発をし、対米従属の開発独裁を進めてきたパフレヴィー朝が、79年に倒れたことで一変します。パフレヴィー2世当時のイランは、国際石油資本（エクソン、モービル、テキサコ、ガルフ、ソーカル〈スタンダードオイル＝オヴ＝カリフォルニア〉、ブリティッシュ＝ペトロリアム、ロイヤル＝ダッチ＝シェルの7大資本）の支配や専制政治のもとで腐敗が進行する中、アメリカの要請もあり、強制的な西欧化政策を採りました（白色革命）。その結果、経済政策の破綻と経済格差による国民の不満が高まり、強制的な改革に反対する学生運動やシーア派法学者の運動が起こり、各地で暴動が多発し、政府はそれらを弾圧しました。そして、イスラム教のシーア派最高指導者のホメイニ師が反政府活動を指導し、パフレヴィー2世の王制を打倒したのです。このイラン革命によって、イランでは親米政権が倒され、宗教を厳格に解釈したイスラム体制が樹立されました。

また、このとき誕生したイラン・イスラム共和国では共和制を採用し、選挙によって大統領が選ばれますが、最も偉いはずの大統領よりもシーア派最高指導者のほうが立場は上なのです。最高指導者は、シーア派の一派である「十二イマーム派」12人のうちの1人が血筋で選ばれました。そのため、国民が選挙で大統領を選んでも、国の意思決定は最高指導者に委ねられています。

こうした厳格なシーア派の「十二イマーム派」を国教とするイランの新たな体制は、イスラエルについて、イスラム教の聖地であるエルサレムを奪った、イスラム教の敵と位置づけました。このため、両国は国交を断絶し、イランは現在でもイスラエルを国家として認めておらず、反イスラエルを国是としています。イランで行われる反米デモは、「アメリカに死を」と併せて、「イスラエルに死を」と人々が叫び、敵意を示す光景が見られます。イランは、イスラエルに対して武力闘争を続けるイスラム勢力を、軍事面・資金面で支援し、両国は間接的な形で衝突を繰り返してきました。

では、イスラム教のシーア派とスンニ派は、どのような違いがあるのでしょうか。

預言者ムハンマドの死後、イスラム共同体の合議によって、ムスリム（イスラム教を信仰する人々）の中からムハンマドの代理人（ハリーファ）として統率する指導者「カリフ」を選出します。初代カリフであるアブー・バクルから、2代目のウマル、3代目のウスマン、4代目のアリーと引き継がれていきます。

ところが、5代目の後継者を誰にするかで対立したのが、シーア派とスンニ派です。「アリーの後継者はアリーの血筋で選んでいくべきだ」というのがシーア派の考えだったのですが、「血筋よりも、コーラン（イスラム教の聖典）を一生懸命勉強し、それを実践する能力のある人が指導者になるべき」というのがスンニ派の考えなのです。つまり、血筋で選ぶのがシーア派で、慣習で選ぶのがスンニ派ということです。イスラム教徒の割合からしても、シーア派は10～20％で、スンニ派は80～90％と言われ、圧倒的にスンニ派が多いのです。しかし、両者が常に対立しているかと言えば、そういうことはなく、同じイスラム教徒として共存しているのです。

このように、イスラム教国の中でも厳格な姿勢を貫くイランは、シーア派の総本山としてイスラエルを攻撃する民兵組織を陰で支えています。レバノンのヒズボラ、イエメンのフーシ派、イラクのマハディ軍などは、すべてシーア派です。また、シリアのアサド体制

もシーア派の一派です。これらは、イスラエルを取り囲むようにして三日月の弧を描くことから、「シーア派の三日月地帯」と呼ばれています（図2参照）。

ちなみに、2023年10月7日にイスラエルと衝突したガザ地区のハマスはスンニ派ですが、こちらもイランが支援していると言われています。

ところで、ハマスは「イスラム抵抗運動」を意味しており、1987年ごろにイスラム原理主義者が中心となって結成されています。パレスチナでは、それまではPLO（パレスチナ解放機構）の主流派ファタハが非宗教的な民主国家をめざしていました。しかし、PLOが金銭的な見返りによりイスラエルと妥協し、その結果、汚職が多発しました。それに対し、ハマスはパレスチナの完全な解放を武力で解決しようとしました。そのため、パレスチナ住民の心は、いつしかPLOから離れ、ハマスに傾いていたのです。

「オクトパス・ドクトリン」が実行されるとき

イランは、国内でイラン軍とイスラム革命防衛隊（IRGC）という2つの軍隊を有しています。これはお互いの軍隊を監視し、均衡を保つことにより、クーデターを起こしにくくするための仕組みだと考えられています。1979年のイラン革命の後に、革命の指導者ホメイニ師の命令によって創設されたのがIRGCです。現在はイランのミサイル開発や核開発を推進していると言われています。また軍隊のみならず、巨大なコングロマリット、巨大財閥としても知られています。

イランが支援するヒズボラやハマスがイスラエルを攻撃するということは、間接的にイランがイスラエルを攻撃しているようなものです。これに対し、イスラエルは、「タコと戦う場合、足だけでなく頭部を攻撃すべきだ」という「オクトパス・ドクトリン」を独自に掲げ、イラン国内への攻撃の必要性を主張し続けています。つまり、足であるヒズボラやハマスだけではなく、頭であるイラン本体を叩くという意味です。

イスラエルはイランのウラン濃縮を放っておくわけにはいかず、イランの心臓部を狙わなければいけないと公言してきたのです。イランでは、2000年代に核兵器の開発疑惑が持ち上がり、イスラエルとの対立が先鋭化する大きな要因となってきました。イランは、核開発は原発や医療用などの平和利用が目的だと説明していて、核兵器の開発を否定しています。そのうえで、イスラエルこそが核兵器を保有していると非難してきました。

2020年7月には、イラン中部ナタンズの核施設で不審な火災が起き、最新鋭の遠心分離機が被害にあったほか、11月には核開発を指揮してきた研究者が首都テヘラン郊外で殺害される事件も起きています。21年4月にも、ナタンズの核施設で爆発をともなう電気系統のトラブルが起き、サイバー攻撃によるものだと指摘されています。

これに対してイランは、イスラエルによる仕業だと断定し、報復を宣言。21年4月と7月には、オマーン湾でイスラエルの企業や経営者が関わる船舶が相次いで攻撃される事件が起きました。これらはイランによる報復行動と見られています。また、サイバー攻撃は、武力行使や武力攻撃と認識されにくいグレーゾーンで、こうした準軍事作戦の応酬がいずれ戦争を誘発してしまう可能性もあります。

23年3月、IAEA（国際原子力機関）は、イランの核施設で濃縮度が84％ほどの高濃縮ウランが見つかったと報告しています。イラン側は「意図しない濃縮が起きた可能性がある」と言っていますが、ウランの濃縮度が90％以上になると、核兵器への転用が可能とされています。イランが核兵器をつくれる状況にある可能性は極めて高いと言わざるを得ません。

イスラエルは過去に、イラクやシリアで原子炉を攻撃し、中東のイスラム諸国の核開発能力を排除しようとしてきた歴史があります。今後、イスラエルがイランの核施設に、より直接的な軍事行動をとれば、後戻りできない衝突につながる可能性も否定できません。

18年には、核兵器開発の証拠を入手するために、イスラエルの諜報機関モサドが実行部隊をイラン国内に送り込んだとさえ言われています。モサドのすごいところは、絶対に証拠を残さない点にあります。世界最高峰の諜報機関だと言われ、イランへの潜入部隊にもイスラエル人は1人も含まれていなかったようです。イスラエルはイランの心臓部を狙うと公言していますが、心臓部と言えば、シーア派最高指導者や大統領、地下核施設などのことでしょう。これからのモサドの諜報活動も、やはり絶対に証拠は残さないのでしょう。

第3章では、23年10月7日以降の多くの事件が、イランの心臓部を狙う「オクトパス・ドクトリン」を掲げるイスラエルの仕業ではないかと疑われる事例を取り上げています。証拠はないのですが、イスラエルの裏の活動が引き起こしたとしか思えないことが次々と起こっているのです。

サウジアラビアが中国寄りになった理由

イランのシーア派が、預言者ムハンマドの代理人である「アリーの後継者はアリーの血筋で選んでいくべきだ」という厳格な考えを持つことはすでに述べました。イスラム教は唯一絶対の神（アッラー）を信仰し、7世紀初めにムハンマドが天使を通じて神の啓示を授かったことをきっかけに布教が始まったとされています。

また、聖地エルサレムは、キリスト教徒にとっても、ユダヤ教徒にとっても、イスラム教徒にとっても神聖な場所であり、長い歴史の中で共存もすれば、争いも度々起こってきました。そう考えると、厳格な考えを持つシーア派が、エルサレムを実質的に支配するイスラエルと衝突することは必然とも言えます。つまり、1400年前から、両者の火種は常にくすぶっており、ある意味「人類史上最長」の対立であり、最悪の衝突を引き起こす可能性をはらんでいるのです。

『エゼキエル書』の構図で説明すれば、イスラエルとイラン（ペルシャ）の対立は歴史的なものであり、主役と敵役が変わることは非常に難しいのです。だが一方で、周辺の中東諸国がイラン側で一枚岩かと言えば、そうではありません。たくさんの登場人物がいます。比較的イスラエル寄りの中東諸国が、ヨルダン、エジプト、スーダン、バーレーン、UAE、クウェート、カタールなどで、イラン寄りなのがパレスチナ（ハマス）、レバノン（ヒズボラ）、シリア（アサド政権）、イエメン（フーシ派）、イラク（マハディ軍）です。

また、北側に目を向けると、どちらかと言えばイラン寄りなのが、トルコ、ジョージア、アゼルバイジャン、アルメニア、ロシア、中国、アフガニスタンといった国々です。

西側諸国ではイギリスやアメリカを筆頭に、ヨーロッパの国々の多くはイスラエル寄りのグループです。

そして、常にその動向が気になるのがサウジアラビアです。中東の盟主と言われるサウジアラビアは、１９０２年にサウード国王がサウード王家先祖伝来の本拠地リヤドをラシード家から奪回したのが始まりです。32年には主要地域を統一して、サウジアラビア王国が成立します。王家であるサウード家は、サウジアラビアの国名になるほどですから、その影響力は絶大です。

また、イスラム教の3大聖地であるメッカの「カーバ神殿」、メディナの「預言者のモスク」、エルサレムの「岩のドーム」のうち、前者二つがサウジアラビア国内にあることも同国の権威を高めています。さらに、世界有数の産油国であり、２０２２年にはサウジアラビアの国営石油会社サウジアラムコが、時価総額で世界最大になったことも話題になりました。こうしたリーダー的な要素を兼ね備えた同国の動向が、中東情勢を左右するのです。そして、23年3月までは、親米的なスタンスのサウジアラビアは、イランとは距離があり、むしろイスラエル寄りでもあったのです。

すでに紹介したように、イスラエルは歴史的にアラブ諸国と敵対してきましたが、

2020年8月13日のトランプ大統領（当時）の仲介でアブラハム和平協定合意にこぎ着け、一部のアラブ諸国と国交正常化し、その後西側諸国を巻き込んで、イラン包囲網をつくろうとしてきました。

ところが、23年3月に中国の仲介により、イランとサウジアラビアの国交正常化が実現したのです。このことが決定的となり、親米的でイスラエル寄りの国が多かった中東諸国が、一挙に親中的な方向に転換したのです。イスラエル陣営は相当困惑したのではないでしょうか。

それまではイラン包囲網を構築してきたつもりが、一転、反イスラエルの方向に舵が切られた感があったからです。この背景には、争いよりもビジネスを優先する中国に賛同したからという理由があるのでしょう。

これらに関しては、「越境3・0チャンネル」において、毎日、配信してきました。第4章のYoutubeドキュメントでは、その様子をリアルに再現しています。

アメリカはペトロダラーで世界を支配した

アメリカもイスラエルの後ろ盾として、イランに対峙して包囲網を築いていくとの思惑はあったでしょうが、決してイスラエルとイランの戦争までは望んではいません。それよりも、石油利権を安定的に確保したいとの思惑のほうが強いはずです。そのために、長年アラブの盟主であるサウジアラビアとの関係を維持してきたのです。

もともと、アメリカが湾岸アラブ諸国に大きな影響力を持っていたのは、石油の決済通貨として、ドルが使われ続けてきたことが大きいのです。サウジアラビア王家とドルが通貨覇権を維持してきたことには、深い関係があります。

１９７４年、ニクソン政権はキッシンジャー国務長官をサウジアラビアに派遣します。「王家の保護を約束する見返りに、原油輸出をすべてドル建てで行う」ことに合意したのです。71年のニクソン政権によるドルと金の交換停止により、その後ドルは為替相場の下落に直面しましたが、金の代わりに原油をアンカー（最後の支え）にすることで、ドルの価値安定を図ったのです。これが「ペトロダラー」（石油を意味する「ペトロリアム」とドルを意味する「ダラー」を合成した造語）の始まりです。

もともと原油の国際取引では、ドルによる決済比率が高かったものの、ペトロダラーが世界通貨として確立したのは、アラブ諸国による73年の石油禁輸（第1次石油危機）がきっかけです。アメリカのリチャード・ニクソン大統領（当時）は、サウジアラビアのファハド・ビン・アブドルアジズ王子（のちに国王）との間で、米国がサウジアラビアに軍事支援や兵器を提供するのと引き換えに、石油取引をドル建てで行なうことで合意しました。

そのころ原油の最大の輸入国だったアメリカと、最大の輸出国であったサウジアラビアとの間でこうした取り決めができると、ほかの輸出国や輸入国もすぐそれに倣《なら》うことになったのです。それ以来、石油の国際取引の大部分は、アメリカの通貨、すなわちペトロダラーで行われてきたのです。

ドルが現在のような本当の意味で基軸通貨になったのは、冷戦終結以降のことです。冷戦の勝者となったアメリカは、エネルギーや穀物を始め、世界の貿易全体の安全を保障してくれる存在となったのです。

また、歴史上初めて「世界の警察官」となったアメリカへの信頼がドルの価値を支えました。それが現在も続き、国際通貨体制が「米ドル本位制」にほかならないことを意味しています。かつての金と同じ役割を担うようになったドルは、究極の価値担保手段となり、旧ソ連を継承したロシアや中国を始め、アメリカとは友好関係にあるとはいえない国々にも、ドルが外貨準備の対象として選好されてきたのです。

ペトロダラー崩壊への序曲

ところが、サウジアラビアは、人民元建ての原油先物取引を開始し、国営石油会社サウジアラムコによる原油価格形成のモデルに加えることも検討している「ペトロユアン」(石油人民元)の創設を発表しました。つまり、国際原油取引を人民元によって行うペトロユアン構想のことです。実際、サウジアラビアは明確にその意思を示し、2022年12月に石油の人民元決済取引を初めて実施します。

原油埋蔵量で実質世界最大のサウジアラビアと最大の原油輸入国の中国が人民元建てで取引を始めれば、基軸通貨ドルの礎《いしずえ》を形成してきた「ペトロダラー」体制が揺らぎます。

現在の国際通貨体制に、多大なインパクトを与えることは確実です。サウジアラビアが石油貿易の決済に人民元の使用を増やしていけば、石油取引におけるドルの優位性に翳《かげ》りが見えてきます。これが世界の金融情勢に大きな変化をもたらす可能性があるのです。

湾岸アラブ諸国は、脱石油を掲げ、石油に依存しない国家づくりをめざしてきました。現在、ドル排除の流れが、ものすごいスピードで進んでいます。サウジアラビアは、ドルではなく、人民元などほかの通貨で原油の取引を考えています。これまでは石油の決済をするために、各国がドルに両替する必要があったため、ドルは世界中で大きな需要がありました。アメリカがどれだけドルを刷っても、誰かが大量に買ってくれたので、ドルの価値は担保されたのです。中東がこのまま中国に傾倒していくようであれば、ドルの価値も揺らいでしまうでしょう。ドル依存から脱してしまえば、新興国のドル依存もストップし、ドミノ倒しのようにドル排除の流れが広がる可能性があるのです。

２０２３年１月、サウジアラビア財務省が、ドル以外の通貨での貿易決済の話し合いに応じると言明しました。２月には、イラク中央銀行が対中貿易で人民元決済を認めると表明。脱ドルの動きは、3月にさらに盛り上がります。中国輸出入銀行とサウジアラビア国立銀行が、人民元建て国際融資協力に踏み切ったのです。また、東南アジア諸国連合（ASEAN）財務省・中央銀行総裁会議は中国の働きかけを受けて、域内の各国が貿易、投資での自国通貨使用への切り替えを話し合いました。

サウジアラビア政府は上海協力機構（中国、ロシア、インド等10カ国による多国間協力組織）への加盟を決定。中国とブラジルが人民元及びブラジル通貨での貿易、金融取引開始で合意しました。中国の上海石油天然ガス取引所は、人民元建てでは初の液化天然ガス（LNG）取引の決済が中国海洋石油（CNOOC）と仏エネルギー大手トタルエナジーズとの間で完了したと発表します。このLNGはUAE産です。

4月には、ロシアのアレクサンドル・ババコフ下院副議長が、「BRICS（ブリックス＝ブラジル、ロシア、インド、中国、南アフリカの5カ国）」と言われる連合体（国際会議）に共通通貨の構想を提案しました。

続いてブラジルのルラ大統領は訪問先のスペインで演説し、「欧州諸国がユーロを創設したように、BRICS内にこの国々の貿易通貨を創設することを支持する」と述べました。同大統領は米ドルへの依存度を減らしたい考えで、南米諸国の共通通貨創設案にも支持を表明しました。

「拡大BRICS」が新しい経済圏となる

2022年2月に始まったロシアによるウクライナ侵攻で、アメリカはロシアへの経済制裁の一環として、ロシアの特定の銀行を国際的な決済ネットワーク「SWIFT（スイフト）」から締め出す措置を取りました。これにより、ロシアはドル建てによる決済ができなくなったのです。SWIFTは欧米がつくった金融システムであり、アメリカを始め西側諸国のさじ加減で基軸通貨であるドルが使えなくなるということが露呈してしまったのです。フランス政府高官はロシアに対する経済制裁を「金融版核兵器」と呼びました。

結局、基軸通貨であるドルが政治的手段に使われ、ドルに頼っていると、いつアメリカにはしごを外されるかわからない状況にあることが露呈したのです。こうした動きを受け、第三世界の国々などは、ドルで石油や貴金属などの取引ができなくなるリスクに直面し、ドル依存体制からの脱却を急ぐ必要に迫られたのです。ドルに依存しない経済圏をめざす、その中心にあるのがＢＲＩＣＳなのです。

ウクライナ戦争勃発後、先進７カ国（Ｇ７）による対ロシア制裁に与《くみ》しない発展途上国が「グローバルサウス」と称されるようになり、存在感を増していることは前述しました。習近平国家主席は、ＢＲＩＣＳを踏み台にして、グローバルサウス各国との人民元決済の拡大に執念を燃やしています。グローバルサウス各国は、米国による対露金融制裁を目の前にして、ドル金融に依存している限り、アメリカが掲げる人権、民主主義などの理念にそぐわない政策をとれば、制裁されるかもしれないとの恐怖感を持ちました。しかも、米ドル金利が上がれば、自国通貨が売られ、外貨危機に陥りかねないとの不安もつきまといます。そのため、対ドル金融依存度を下げたいのです。

ちなみに、24年5月に行われたロシアと中国による首脳会談でも、「露中貿易の90％がロシア・ルーブルまたは人民元による自国決済になっている。これは双方の利益に適《かな》う」とし、脱ドル化を強調しています。

Ｇ７とロシアが激しく対立する中で、中立を装う中国はこの機に便乗したのですが、このもくろみが部分的にせよ、結実したのが23年8月、南アフリカヨハネスブルグで開かれたＢＲＩＣＳ首脳会議を経て決まったＢＲＩＣＳの拡大なのです。24年1月よりサウジアラビア、ＵＡＥ、イラン、エジプト、エチオピア、アルゼンチンの6カ国がＢＲＩＣＳに新規加盟しました（直前にアルゼンチンは方針を転換し加盟を撤回、サウジアラビアは加盟を検討中とした）。

中国とブラジルが人民元及びブラジル通貨レアルの貿易、金融取引開始で合意し、中国の国有石油大手、中国海洋石油（ＣＮＯＯＣ）も、ＵＡＥ産の液化天然ガス（ＬＮＧ）を人民元建てで購入したことはすでに説明しました。

この人民元決済化の流れを受けて、ＢＲＩＣＳへの新規加盟に至ったわけです。人民元決済の素地は、貿易関係にあります。中国は世界最大のモノの輸出大国であり、電子機器や自動車などのサプライチェーンの根幹を抑えています。輸入市場も米国に次ぐ規模なので、今後の拡大が期待できるのです。

習近平外交の勝利

ウクライナ戦争勃発後、中国の脱ドル外交への動きは活発化しています。2022年12月7日から9日まで、習近平国家主席はサウジアラビアを訪問し、サルマン国王、ムハンマド皇太子と会い、包括的戦略パートナーシップ協定に署名しました。同協定の目玉は情報通信（IT）を中心とするハイテク協力です。中国の通信機器大手、華為技術（ファーウェイ）との協力覚書に署名し、サウジアラビア国内都市でのクラウド・コンピューティング及びハイテク複合施設の建設をファーウェイが請け負うというものです。アメリカはファーウェイを安全保障上の脅威だと見なして、米市場から締め出し、同社向け禁輸に踏み切ったばかりでなく、日欧、さらに湾岸諸国にも追随を呼びかけていますが、中国はサウジアラビアを取り込んだのです。

習近平国家主席のもっと大きな狙いは、石油の人民元建て取引でしょう。習氏はサウジアラビア訪問最終日の9日、中国・湾岸協力会議（GCC＝サウジアラビア、カタール、オマーン、クウェート、バーレーン、UAEの6カ国）首脳会議で、石油・天然ガス貿易の人民元建て決済を推進するとし、石油とガス貿易の人民元建て決済のプラットフォームとして、上海石油天然ガス取引所を「最大限に活用する」と表明したのです。また、習氏はサウジアラビアに滞在中に、湾岸協力会議のほか、アラブ連盟21カ国を招いて、計三つの首脳会談に出席しました。

そのときに、習近平国家主席がムハンマド皇太子に「イランと国交正常化しませんか」と提案し、エネルギー、運輸、住宅分野で20以上の協定を結び、脱石油から世界的な貿易拠点の構築まで、未来都市構築を約束したと言われています。これが、先ほど説明した23年3月の中国の仲介による、イランとサウジアラビアの国交正常化です。

サウジアラビアも本来は全方位外交で、戦争はしたくないはずです。イランはサウジアラビアと敵対していましたが、もちろん、イランも戦争はしたくありません。そこに、中国はビジネスや経済面から協力を謳い、うまく入り込んだのです。

サウジアラビアには、「サウジアラビアビジョン2030」という国家の事業計画があり、これは経済的に石油依存を減らし、多様化するための戦略的なフレームワークのことです。具体的には、教育やインフラ、レクリエーションや観光などの事業を推進し、30年に向けて改革開放を進めようとするものです。なぜ、イランと国交を樹立したのかと言えば、戦争は避け、経済優先の国家運営をしたいとの思惑があるからです。

サウジアラビアは、中央アジアへの多額の投資を行う計画を発表しています。この背景には、同時期（23年3月）に起こったクレディ・スイスの破綻危機があります。スイス第2位の大手銀行の株価が急落し、その後、スイス最大の銀行ＵＢＳに救済買収されます。このクレディ・スイスの筆頭株主は、サウジアラビア財務省の管轄であるサウジアラビア国立銀行で、その大株主こそムハンマド皇太子のＰＩＦ（Public Investment Fund）という政府系のファンドだったのです。そのため、ムハンマド皇太子は信用していたスイスの銀行に裏切られたことで、西側からの資金を引き上げていくと表明し、第三世界に投資すると発表したのです。

中国は、サウジアラビアとイランを結びつけ、最重要経済パートナーシップ国として投資を活発化させていくことは間違いありません。そうすることで、イエメン内戦もほぼ終結しました。イエメン内戦は、サウジアラビアが中心に支援するスンニ派とイランが支援するシーア派を掲げるフーシ派との代理戦争の側面があり、犠牲者はすでに10万人を超えているとの報道もあった内戦でした。

中国はイスラエルともパイプがあるため、今後、対話の機会も増えていくのではないでしょうか。

アゼルバイジャンとトルコ連合軍の勝利

中国は今後も中東との関係を深化させていくのでしょうか。

これに関しては、中央アジアの複雑な国際関係を理解する必要があります。イランがバックアップするイスラム教シーア派民兵組織が散らばっている国が、「シーア派の三日月地帯」と呼ばれていることはすでに説明しました。そして、北のほうに目を向けると、黒海とカスピ海の間に位置するトルコ、ジョージア、アゼルバイジャンの3カ国があります。『エゼキエル書』の地理的な位置では、「マゴグ」と呼ばれているエリアかもしれません。

この3カ国は、BTCパイプラインを通じてヨーロッパに石油を搬送しているのです。

BTCパイプラインとは、アゼルバイジャンのカスピ海沿岸のバクー近郊からジョージアを通り、トルコの地中海に面したジェイハンまで、全長1768キロメートルの世界第2位の長さを誇る石油パイプラインです。バクー油田からのエネルギー輸送の主要なインフラとなっており、3カ国共同でつくられ、ヨーロッパにとっては非常に重要なパイプラインとなっています。

これらの国々はロシアのコントロール下から外れるために、このBTCパイプラインをつくったと言われています。これには旧ソ連時代の複雑な関係が影響しています。というのも、アゼルバイジャンは旧ソ連から独立後も隣国アルメニアと対立しており、1988年から94年までナゴルノ・カラバフ自治州を巡って戦争状態にあったのです。

紛争が繰り返され、アルメニアはアゼルバイジャン領内の山岳地帯にあるナゴルノ・カラバフ自治州（アルメニア系住民が多い）を飛び地として実効支配していました。ロシアはアルメニアと軍事同盟を結んでおり、イランもアルメニア寄りのスタンスです。一方、トルコはアゼルバイジャンを兄弟国とも思っており、軍事的にも支援しているのです。

2020年9月27日から11月10日まで、再び軍事衝突があり、これは「44日間戦争（第2次ナゴルノ・カラバフ紛争）」と呼ばれています。アゼルバイジャンは、石油や天然ガス収入を軍事費に注ぎ込み、イスラエル製やトルコ製の最新鋭の軍用無人機を効果的に使用し、サイバー戦や情報戦も取り入れた現代戦を展開しました。トルコの後ろ盾でアルメニアを圧倒し、戦争の勝敗を決定づけたのです。11月10日の停戦合意では、アルメニアが占拠していたナゴルノ・カラバフの約4割をアゼルバイジャンに返還し、残りの地域にはロシアの平和維持部隊が展開することになったのです。

この戦いで、トルコはアゼルバイジャン本土への回廊を手に入れ、中央アジア方面に影響力を拡大させたうえに、トルコ製の軍用無人機の評価が高まり、この地域でのトルコの軍事的なプレゼンスも高まったと言われています。また、アゼルバイジャンはイスラエルも支持していて、イスラエルの対イラン攻撃の最前線基地をアゼルバイジャン国内に提供するといったニュースも発表されました。

多くの国が戦争に巻き込まれたくない

アゼルバイジャンとアルメニアが対立することで利益を得られていたイランは、アゼルバイジャンが主導するアルメニアとの和平協定に関しては面白くありません。イランはイスラエルと友好的なアゼルバイジャンとは、明確に対立していました。しかし、アゼルバイジャンは、イスラエルともイランともバランスを取りながら、全方位外交で関係を築いていくのでしょう。

ロシアはウクライナとの戦争で、イランから多くの武器やドローンを輸入しているので、イランとは友好的な関係にあります。そのロシアはイスラエルと対立しているかといえば、バランスよく関係を築いていました。お互い敵に回したくないため、着かず離れずの関係だったのです。

また、ロシアと中国は同盟関係にあり、中国はアフガニスタンのタリバン政権とも距離を近づけています。そのアフガニスタンのタリバン政権は、イランと親密な関係にあるので、イスラエルとイランの争いにはタリバン政権はイラン寄りのスタンスでしょう。

では、中国はイラン寄りかといえば、経済やビジネス上の友好関係で軍事的には距離を保っているようです。イスラエルとイランの戦争が勃発しても、中国はおそらく参加せずに、巻き込まれることを避けるでしょう。

世界のトップ10の政府系ファンドの総資産額ランキングには、アメリカやイギリスではなく、中国やUAE、クウェート、サウジアラビア、カタールなどアラビア半島の国々の政府系ファンドが名を連ねています。最もお金を持っている政府同士は、これからも経済的な繋がりを重視し、争いごとには巻き込まれたくないという姿勢を貫《つらぬ》くでしょう。湾岸協力会議の対イラン政策に関しても、中国は湾岸協力会議を支持するという、イランとは一線を画した態度を取るでしょう。つまり、中国はイランを支持するのではなく、湾岸協力会議側を支持するという立場に立つのです。

もしイスラエルとイランの戦争となれば、イギリスやアメリカはNATO（北大西洋条約機構）の加盟国ですから、イスラエルを支援することになるでしょう。しかし、英米ともに原油価格を抑えるのが一つの大きな目的ですので、原油価格高騰の原因になる中東での戦争は避けたいでしょう。アメリカが参加しなくても、イスラエルは単独でイランを攻撃するということを、イスラエルのネタニヤフ首相は発表しています。アラブ諸国がどちらの国を支持するかは、意見が分かれるところです。もともとアラブ諸国はイスラエルと対立していたけれども、エジプトやヨルダン、バーレーンはイスラエルとの調和を図りつつありますし、かといってイスラエル支持に回るかといえば、そうはならないと思います。

中国を含め多くの国が、戦争ではなく豊かさを求める方向にあることは間違いありません。それでは、なぜイスラエルはイランを刺激し、戦争の方向に駒を進めているのでしょうか。

第3章
イスラエルの孤立と暴走

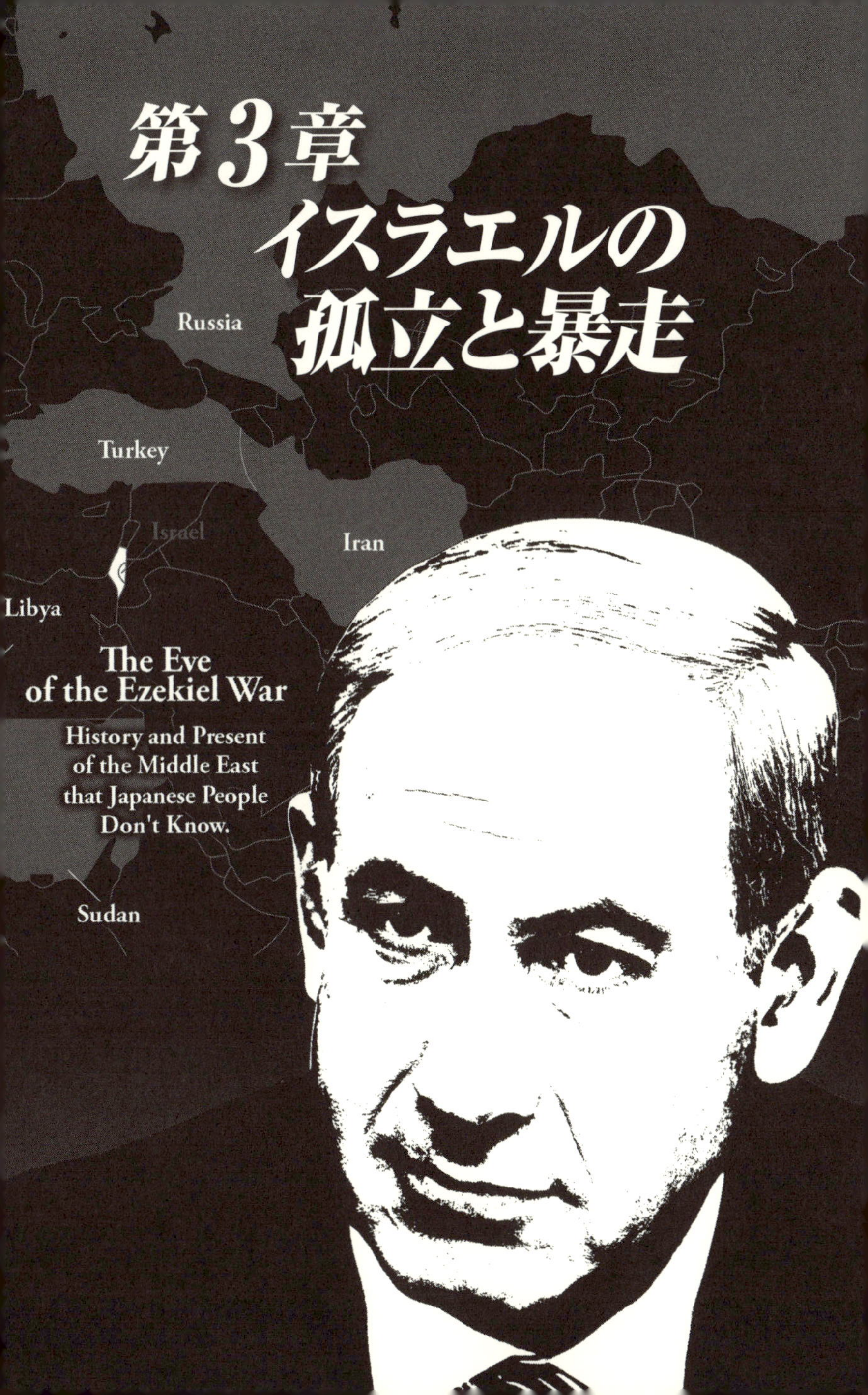

The Eve
of the Ezekiel War

History and Present
of the Middle East
that Japanese People
Don't Know.

エルサレムは三つの宗教の聖地

ユダヤ教、キリスト教、イスラム教の始祖と言われるのが、預言者アブラハムです。『旧約聖書』冒頭の「創世記」に登場し、大洪水やノアの箱舟の後、神による人類救済の出発点として選ばれた伝説上の人物とされています。2020年8月のトランプ大統領(当時)の仲介による「アブラハム合意」のネーミングもここから来ています。三つの宗教とも元は同じで、兄弟のような関係なのですから、共存できるはずと思えるのですが、事はそれほど単純ではありません。その対立の歴史を物語るうえで重要な都市が「エルサレム」です。

ユダヤ人の祖先であるヘブライ人が、イスラエルも含まれる「カナン」(パレスチナの古名)に定住したのが紀元前20世紀ごろと言われ、その後ダビデ王やソロモン王がヘブライ王国を形成し、その都エルサレムは「ダビデの町」と称されていました。『旧約聖書』によれば、紀元前18世紀ごろ、アブラハムは神からカナンの地を与えるとの啓示を受けました。エジプトで生まれたモーセも、シナイ山で「カナンの地に戻れ」との神の声を聞き、奴隷として苦しんでいたユダヤ人を率いて「出エジプト」を果たします。そして再度シナイ山で神の啓示を受け、「十戒」を石に刻むのです。

エルサレムは、ダビデ王の時代紀元前10世紀から、ローマの攻撃で陥落する紀元後7世紀まで、ユダヤ人の政治、宗教の中心地でした。ダビデ王に続く、ソロモン王は、神殿を建設し、その中にモーセの十戒を刻んだ石板を納めました。その後、神殿は外敵により壊されますが、紀元前6世紀にエルサレムがアケメネス朝ペルシャの支配下になり、キュロス2世がソロモン神殿のあった神殿の丘に第二神殿を再建しました。

ところが、66年～73年にはローマ帝国に対してユダヤ人が決起した第1次ユダヤ戦争が勃発しました。エルサレムは陥落し、神殿は破壊され、住民は殺されるか、奴隷として売られるか、という結果になりました。ユダヤ人集団967人が包囲を逃れ、マサダ（死海西岸近くの要塞のこと）に立てこもり抵抗した歴史が有名です。最後は奴隷となるよりも死を選択し、集団自決した場所です。いまでもユダヤ人の民族の聖地であり、イスラエル国防軍将校団の入隊宣誓式はマサダで行われ、士官学校卒業生は山頂で「マサダは二度と陥落せず」と唱和し、民族滅亡の悲劇を再び繰り返さないことを誓います。

第2次ユダヤ戦争（131～135年）では、一時はユダヤ人が優勢となり、エルサレムを奪還し、神殿を復興しますが、結局ローマ帝国に敗れ、エルサレム破壊のあとの市街地にはユダヤ人は立入禁止となり、ユダヤ人たちは地中海各地に離散していったのです。国を失って2000年後の19世紀に、世界に散ったユダヤ人が『旧約聖書』に記された神からの約束の地パレスチナ（カナン）に民族国家を再興しようとしたのが、前述したシオニズム運動なのです。

キリスト教徒にとっては、エルサレムはイエス・キリストの受難の地であり、復活の地です。イスラム教徒にとっては、始祖ムハンマド昇天の地なのです。それゆえ、エルサレムは、ユダヤ教徒にとっては「嘆きの壁」、キリスト教徒にとってはイエスの墓である「正墳墓教会」、イスラム教徒にとってはムハンマド昇天の地に立つ「岩のドーム」の所在地であり、エルサレムの旧市街は三つの宗教の聖地が密集しているのです。

それぞれの宗教にとって重要な地域だからこそ、このパレスチナでは争いが繰り返されてきました。これまでの歴史が複雑に影を落とし、そこに政治と宗教が複雑に絡み合う交差点、それがパレスチナ問題の淵源なのです。

２０２３年10月7日、イスラエル・ハマス戦争勃発

１９４８年のイスラエル建国後、アラブ人が住んでいたパレスチナの地にユダヤ人が入植し、イスラエルは4回の戦争を経て徐々に国境線を広げてきました。こうした状況を受けて、93年に、ビル・クリントン大統領（当時）の仲介でイスラエルのラビン首相とＰＬＯ（パレスチナ解放機構）のアラファト議長が、主に二つの点で合意しました。これが「オスロ合意」と呼ばれる歴史的な和平合意です。

一つは、イスラエルを国家として、ＰＬＯをパレスチナの自治政府として相互に承認するというもの。もう一つが、イスラエルは占領した地域から暫定的に撤退し、5年にわたって自治政府による自治を認めるというものです。つまり、イスラエルとパレスチナがお互いを認め合って、パレスチナの暫定自治をガザ地区とヨルダン川西岸地区で始めようというもので、現代に繋がる枠組みです。ところが、そういう枠組みをつくって、お互いに尊重しようという流れができても、いつもどこかで途切れてしまうのです。

パレスチナ問題の舞台となっているのは、イスラエルとパレスチナ自治区です。パレスチナ自治区は長くファタハが与党の地位にありましたが、政治家に汚職が多く、2006年1月のパレスチナ評議会選挙ではハマスに敗れ、評議会の過半数を奪われました。しかし選挙の結果を無視し、ファタハのマフムード・アッバースは自治政府大統領の地位にい続けています。ファタハは人口が約325万人のヨルダン川西岸地区を統治し、イスラム原理主義過激派の武装集団ハマスは人口約222万人のガザ地区を実効支配しています。つまり、パレスチナ自治区はガザ地区とヨルダン川西岸地区の二つに分かれていて、分割政府のような状況になっているのです。

ハマスの戦闘員は、長年イスラエルに打撃を与えるために自爆テロを繰り返してきました。そのため、欧米はハマスについては、テロ組織と認定しています。

ガザ地区住民の不満が蓄積していく背景には、子供や若い人たちが非常に多い地域でありながら、産業もなく、経済的にも厳しい状況が続き、失業率もとても高いことがあります。多くの人たちが未来を描くことがなかなか難しく、そういう閉塞感がこのガザ地区には蔓延していたのです。その住民たちの不満や怒りが、ハマスへの支持につながっているのかもしれません。またハマスは、住民の福祉活動にも積極的で、信頼を勝ち得ていたのです。その結果、２００７年からはハマスがガザ地区を実効支配しています。

一方、ヨルダン川西岸地区を統治するファタハは、イスラエルと共存するという姿勢もあり、住民もイスラエル側に買い出しに行ったり、働きに行ったりすることもできました。もちろん、問題がないわけではありませんが、ガザ地区に比べればイスラエルに対して穏健な姿勢だったのです。


こうしたなかで、ガザ地区ハマスに怒りの火がついたのです。２０２３年10月7日、パレスチナのガザ地区のハマスがイスラエルに攻め込んだのです。隣のイスラエルエリアに向かって、ハマスの戦闘員約３０００人が侵入したのです。攻撃はイスラエルとガザ地区を区切る塀を乗り越えて行われ、フェンスを破壊したり、エンジンの付いたパラグライダーのような乗り物で飛び越えたりするといった方法で越境攻撃しました。発射されたロケット弾の数は、ハマス側は５０００発以上、イスラエル側は２２００発以上とされています。その結果、イスラエル住民と兵士約１２００人が殺害されたのです。

これまでもロケットを打ち合うという攻撃は過去度々ありましたが、越境攻撃を一斉に仕掛けたのは異例中の異例だったのです。しかも、攻撃した日は、イスラエルの祝日で、音楽フェスティバルといった野外イベントが行われていました。そこに、イスラム過激派組織ハマスが襲撃して、数多くの死傷者を出しただけでなく、イスラエルの住民を連れ去り、100人以上を人質にしたのです。

それに対して、ネタニヤフ首相は「われわれは戦争状態にある」とする声明を発表し、イスラエルは即時に報復行動に出ます。ハマスの拠点や民間施設にも、連日激しい空爆を加えました。ガザは狭いエリアですから、空爆されたら民間人も含めて、多大な犠牲者が出ます。まさに戦争の状態であり、これは1973年の第4次中東戦争以来50年ぶりの事態と言っても過言ではありません。

すぐさまイスラエルの後ろ盾であるアメリカも、原子力空母ジェラルド・フォードを地中海東側に展開しました。一方、ハマスと連携を取っているのは、レバノンのイスラム原理主義グループのヒズボラで、こちらも散発的にイスラエルに対してミサイル攻撃を繰り返してきました。

パレスチナの実態を知っているか？

２０２３年10月7日のハマスによる民間人の大量殺害や拉致は、決して許されるべきものではありません。しかし、10月7日以前に何が行われていたかを知ることも大切です。

いったい、それは何なのでしょうか？

ガザ地区は、幅5キロメートル、長さ50キロメートルという種子島くらいの面積の細長いエリアで、２００万人以上の人たちが密集しています。イスラエルとの境には、高さ8メートルの塀やフェンスが築かれ、「天井のない監獄」とまで言われていました。

以前、私が対談したシアム駐日パレスチナ大使は、こうおっしゃっていました。

「パレスチナはイスラエルの占領下にあります。水や食料、電気などのエネルギーを含め、ガザ地区とヨルダン川西岸地区の98％は、イスラエルから買わなくてはなりません」

パレスチナは事実上、イスラエルの占領下にあると言うのです。

パレスチナではイスラエル人によるパレスチナ人への執拗な攻撃や人権を無視した嫌がらせ、あるいは女性へのレイプ事件や子供の殺害事件なども起こっていました。公には表現できないような言葉でパレスチナ人たちを挑発し、罵倒し、侮辱し、襲撃するのです。

イスラエル国防軍がヨルダン川西岸地区に入り、パレスチナ人の民間人の家に立ち入って、「1カ月以内にここを退去しなさい。ここはイスラエルが来月工場を、マンションをつくります」。そんなふうにイスラエル国防軍が入ってくる。それでパレスチナの民間人は武器を持ってないので、石を投げて抵抗する。結局、石を投げた人たちが射殺されるというような事件が起こっていました。

パレスチナ人との争いが起こると、イスラエル側は銃で武装したユダヤ人兵士が入植者たちを守るわけです。イスラエル政府やイスラエル軍の後押しで、パレスチナ人を暴力的に、強引に追いつめていくのです。そのうえ、パレスチナ人家族を強制的に家から追い出して、ブルドーザーで家を破壊していくといった行動も見られました。イスラエル側は、自分たちが住む地域や入植地を次々に拡大していったというのが実態です。

10月7日以前は、パレスチナ自治区で筆舌に尽くしがたい悲劇が繰り返されていたのです。こうしたことは欧米メディアでは報道されてきましたが、日本のメディアではほとんど報道されません。日本人が中東からの石油に依存しているにもかかわらず、中東に関心を示さないのは、地理的に遠いという点のほかに、日本のメディアがアメリカ寄りだということも影響しているのでしょう。

イスラエルはアブラハム合意があったにもかかわらず、ヨルダン川西岸地区への入植活動を繰り返してきました。アブラハム合意には、ヨルダン川西岸地区への入植をストップするという約束があり、実際、当初は停止していました。ところが、国際法違反にもかかわらず、アメリカは民主党政権になると、イスラエルの行動を見て見ぬふりをします。ネタニヤフ政権のパレスチナ政策は、エスカレートしています。アラブニュース、アルジャジーラ、ガルフニュース、カリージタイムス、アルモニター、ミドルイーストモニターといったアラブ側のメディアは、再三パレスチナへの入植活動の過激化を非難してきました。

ネタニヤフ政権は、シオニズム運動を強引に進めるユダヤ民族主義者の支持に支えられているため、パレスチナへの圧力はますます過激化していました。もちろん、イスラエルにもパレスチナと融和的に共存するべきだとの穏健派もいます。知人のイスラエル人は航空宇宙局でエンジニアをされている方ですが、私は彼に訊《き》きたいことがありました。

イスラエルの『タイムズ・オブ・イスラエル』が、「いまイスラエルから国外脱出をしたいという国民が30％もいる」と報じていました。それに対して、「このアンケート調査は本当なのでしょうか」と訊いたのです。これに対して、彼はこう答えました。

「30％どころではない。50％はイスラエルからの脱出を考えているだろう」

その理由は、「パレスチナ入植がとてもエスカレートしていて、自分たちにも火の粉が降り掛かってくるのではないかと心配だからだ」と言うのです。このやりとりは23年のことですが、イランとの対立が緊迫化するなかで、状況はより切迫しているのではないでしょうか。

なぜモサドはハマスの攻撃を見落としたのか

ガザ地区のハマスがイスラエルを攻撃した背景には、イスラエルとサウジアラビアの関係改善の動きも影響したのではないかと思われます。２０２０年のアブラハム合意以降、ＵＡＥとバーレーンに加え、サウジアラビアも国交正常化に前向きだったため、パレスチナのアッバス議長が23年9月に国連総会で「パレスチナ問題を置き去りにしないように」と訴えていたことに象徴されるように、ガザ地区のハマスに焦りがあったのかもしれません。

パレスチナは明らかに追い詰められていたのです。そして、23年10月7日にハマスが暴発してしまうのです。

ところで、イスラエルはガザ地区に対して、常時ドローンを上空に飛ばしたり、通信を傍受したりして、ガザ地区の動向を把握していたはずです。諜報機関モサドの能力の高さはすでに紹介しました。それにもかかわらず、ハマスの攻撃を許してしまったことに対して、イスラエル国内では非難が集中しました。しかし、一部の専門家は、知っていて攻めさせたのではないかとの疑念も指摘しています。つまり、事前に攻撃の情報は察知していたものの、わざと攻めさせてテロ行為として世界に見せつけ、反撃の口実を手に入れ、殲滅するというものです。

そうだとすれば、イスラエルのネタニヤフ政権が自作自演でハマスを刺激しおびき寄せ（証拠はありませんが）、ガザに攻め入り、イランをも刺激し、エゼキエル戦争の引き金を引きかねない状況にあるとも言えます。もちろん、前述したようにイスラエルも決して一枚岩ではなく、国内にはネタニヤフ政権に批判的な勢力も多く、ネタニヤフ政権こそ世界から孤立化しているのも事実です。

中南米ではイスラエルとの断交ドミノが起きています。ボリビアが国交断絶を表明したのに続いて、チリとコロンビアは駐イスラエル大使を召喚し、南米で最大のユダヤ系コミュニティが存在するアルゼンチンも非難声明を出しました。

トルコはイスラエルとの全品目の取引、輸出入禁止の措置を取りました。トルコのエルドアン大統領は、パレスチナ自治区ガザでのイスラエルの攻撃に対し、ネタニヤフ首相を「ヒトラーと何ら変わらない」と述べて、激しく非難しました。また、ハマスを擁護する姿勢を強調する一方で、イスラエルに対して「テロ国家」と非難し、双方が相手国に駐在する外交官を呼び戻すなど、関係は最悪の状況です。

トルコはＮＡＴＯに加盟していますが、武器はロシアから調達しているうえ、プーチン大統領とも良好な関係を築いています。トルコがＮＡＴＯを脱退する日が近づいているのかもしれません。

『エゼキエル書』に記されるトルコの地名はベテ・トガルマですが、ゴグ（ロシア）とペルシャ（イラン）と結びつく方向にあるのは否めません。第1章で紹介したように、『エゼキエル書』によれば、ゴグ（ロシア）が、ベテトガルマ（トルコ）とペルシャ（イラン）を引き連れてイスラエルに進軍し、南からもプテ（リビア）とクシュ（スーダン）が進軍してくるというストーリーです。さしずめ南の勢力は、ロシアの民間軍事会社ワグネルグ・ループなのでしょうか。イスラエルは挟み撃ちになって、太刀打ちできなくなり、ヨーロッパに逃げるのですが、神が天変地異を起こすという結末です。

もしかすると、ネタニヤフ政権は終末期の預言を意識したうえで、ハマスとの戦闘を激化させ、イランとも対峙しようとしているのでしょうか。そうであるならば、極めて危険な政権であると言わざるを得ません。

ネタニヤフ首相を操る3人のシオニスト

YouTubeの「越境3・0チャンネル」では、現在の第6次ネタニヤフ政権がいかに危険な内閣であるかを度々指摘してきました。第6次ネタニヤフ内閣は、2022年11

月のイスラエル議会（クネセト）で極右政党の協力を得て多数を獲得し、12月に組閣されました。右派系のリクード、ユダヤ・トーラ党連合、シャス、宗教シオニスト党、ユダヤの力、ノアムを与党とし、リクードのベンヤミン・ネタニヤフ党首を首班とする連立政権です。

この右派連合による新政権は、イスラエル史上最も右寄りな政権であると言われ、政権内に過激な考えを持つシオニストが何人も入っているのです。イスラエルは終末戦争の準備を急いでいるのではないか、と思われるほどです。

ネタニヤフ政権は国内の司法制度改革に着手し、裁判所の機能を政府の直轄に置くといった改革案を進めました。これは立法、行政、司法の三権分立を見直し、行政の下に司法を置くことで、戦時体制をすぐさま取ることができ、またネタニヤフ首相の汚職疑惑なども不問に付すことができる改革です。最高裁判所の判断を議会が単純過半数で否決できるようにする提案も含まれています。つまり、ネタニヤフ首相は独裁色をより鮮明にした国内改革を進めようとしたのです。

しかし、汚職罪でいまなお公判中のネタニヤフ首相のための改革だとして、国民の強い反発を呼び、彼は3月27日、改革案の推進を一時中断すると表明しました。また、ガラント国防大臣はこうした改革が民主主義の崩壊を招きかねないため、やめるべきだと国会で代替案を提案しました。ところが、ガラント国防大臣の提言は、ネタニヤフ首相に対する反旗であると受け取られ、彼は国防大臣を解任されてしまうのです。これに対し、激怒した国民がいたるところで大規模デモとストライキを行い、翌月にはネタニヤフ首相がガラント国防大臣の更迭を延期する破目に陥ったのです。

では、右派政党リクードの党首であるベンヤミン・ネタニヤフとはどのような人物なのでしょうか。

ベンヤミン・ネタニヤフ

ネタニヤフ氏は、イスラエル建国後に生まれた最初の首相経験者であり、歴代首相の中で最年少で首相に就任した政治家です。1949年、ベン＝ツィオン・ネタニヤフとジラ・ネタニヤフ夫妻の次男としてイスラエルで生まれ、父親のベン＝ツィオンはロシア姓をミレイコフスキーといい、

10年に、旧ロシア帝国ポーランド領ワルシャワで生まれています。祖父はシオニスト運動家で、一家は20年にパレスチナへ移住し、エルサレムに入植しています。ベン＝ツィオンもまた父の思想を受け継いだシオニスト運動家で、コーネル大学でユダヤ史の教授を務めていました。

兄のヨナタン・ネタニヤフは、76年のエンテベ空港奇襲作戦で戦死したイスラエルの英雄としても知られています。弟のイド・ネタニヤフは、放射線科医であり劇作家でもあり、兄弟3人ともイスラエル国防軍のエリート部隊である「サイェレット・マトカル」に所属し、諜報員としての経験があります。

ベザレル・スモトリッチ

イスラエルの政治家の多くが軍人としての経験があり、愛国者として国民の支持を受けるのですが、そのこととパレスチナやイランと敵対的に対峙するのは別問題でしょう。また、彼を支える3人の大臣の存在も忘れてはいけません。いずれも極右政治家として、その名を轟《とどろ》かせています。

①ベザレル・スモトリッチ（財務大臣）

彼は宗教シオニスト党の指導者であり、外国メディアからも極右と見なされています。反LGBT、反パレスチナの提唱者です。ユダヤ教の改革派を「偽造の宗教」と非難し、ヨルダン川西岸地区の併合を推進。正統派ユダヤ教の聖職者を父に持ち、ヨルダン川西岸地区で育っています。弁護士の資格もあり、42歳と若く今後も右派支持者から期待される存在です。

イタマル・ベン・グヴィル

②イタマル・ベン・グヴィル（国家安全保障大臣）

彼はイスラエルの過激活動家出身の弁護士であり、政治家です。極右政党のユダヤの力の党首。彼はかつて「イスラエルに忠実でないアラブ系市民は追放されなければならない」と発言し、国内では過激派政治家として有名です。イスラエルの警察、国境警備、入植者治安、消防など、国内外の治安を統括しています。また弁護士としては、

ヤリフ・レヴィン

ユダヤ人過激派の弁護を行うことで知られています。

③ヤリフ・レヴィン（副首相兼法務大臣）

彼は23年にイスラエルの司法制度の立法改革に向けた政府計画を発表しています。これが先ほど紹介した、政府に司法の実効的な統制を与え、最高裁を弱体化させることをめざした改革案です。

彼もまた弁護士であり、政治家なのです。

危険なグレーターイスラエル構想

ネタニヤフ首相はハマスとの戦争を続けないと、汚職問題で逮捕されてしまうという事情を抱えています。国民の大反対で司法改革は頓挫していますが、暴走している裏には、戦争を終わらせられない理由があり、さらに極右政治家の後押しでパレスチナだけでなく、イランをも戦争に巻き込もうとの思惑が見え隠れするのです。

東エルサレムとヨルダン川西岸地区への入植は国際法上、不法と位置付けられています。不法入植地の合法化と新たな入植地の建設は、パレスチナ住民との火種になるのは明らかです。それにもかかわらず、ネタニヤフ政権は、ヨルダン川西岸地区の併合や違法入植地の合法化など、パレスチナへの強硬な姿勢を発足当時から堅持しているのです。

さらに危険なのは、極右系政治家が持っている「グレーターイスラエル（大イスラエル）構想」です。グレーターイスラエルとは、大きなイスラエルをつくるという意味で、内容はイスラエルの国旗の上下に描かれている2本の青いラインが象徴しています。これは、ナイル川からユーフラテス川までを示していて、本来のユダヤ人が約束されている土地で、そこまで領地を広げるのが、グレーターイスラエル構想の本質です。これを本気でめざしているのが、イスラエルの極右勢力なのです。

現在は、ヨルダン川西岸地区まで土地を拡張しているけれども、いずれレバノンやシリア、ユーフラテス川のあるイラクまで広げる構想なのです。彼らは、神様がアブラハムにした「エジプトの川からユーフラテス川まで」の土地をすべて与えるという『旧約聖書』の『創世記』の約束を頑《かたく》なに信じているのです。

「主はアブラハムと契約を結んで言われた。『わたしはこの地をあなたの子孫に与える。エジプトの川から、かの大川ユフラテまで』」（創世記15：18）

エジプトとイスラエルは友好関係にありますが、本気でナイル川を含むエリアをユダヤの土地とすれば、衝突は避けられません。また、ユーフラテス川を含むエリアとなれば、イラクとも衝突するでしょうし、アラブ諸国が黙ってはいません。

また、『旧約聖書』の『出エジプト記』には次のような記述もあります。

「わたしは紅海からペリシテびとの海に至るまでと、荒野からユフラテ川に至るまでを、あなたの領域とし、この地に住んでいる者をあなたの手にわたすであろう。あなたは彼らをあなたの前から追い払うであろう。」（出エジプト記23：31）

紅海とはアフリカ東北部とアラビア半島に挟まれた湾のことで、ペリシテ人の海に至るとはガザ地区周辺の地中海沿岸部のことでしょう（もともとパレスチナはペリシテ人の土地という意味）。また、荒野からユーフラテス川までと書かれているので、イスラエルの神もずいぶん無茶な約束をしてくれたものです。

原理主義的に『旧約聖書』を根拠にするネタニヤフ政権の危険さは再三指摘してきましたが、ここまで見てきたように、汚職疑惑を抱えるネタニヤフ氏も、ある意味、法律の専門家であるこの3人の操り人形のような状態なのかもしれません。

イスラエルの論理は、他民族、他宗教との戦いの中で培われたため、「誰かが殺しに来たら立ち向かい、相手より先に殺せ」というものです。また、「自分たちは国家がなければ生き残れない。自分たちの国は常に存亡の危機にあり、それゆえ、自分たちは戦わなければ生き残れない。さらに、自分たちは世界を敵に回してでも戦う」といった過激なものです。

もちろん、イスラエル人すべての人の考えではないにしろ、ユダヤ人の一部にはこのような論理が刷り込まれています。私が見る限り、75％は穏健派のユダヤ人だと思うのですが、残りの25％は入植地出身の第2世代が多く、原理主義的で過激な考えを持っています。彼らの過激思想を反映しているのが、第6次ネタニヤフ政権なのです。

崖っぷち政権ゆえの暴走

現在もネタニヤフ政権の退陣を求めるデモが、時々起こります。イスラエル国民の75％は中立的な人々で、パレスチナ人とも仲良く共存していきたいのです。早く人質を返してもらいたいので、戦争をやめてハマスとの停戦交渉のテーブルについてほしいと考えています。残りの25％は入植地出身者が多いのです。

先ほど紹介した3人の大臣も、ゴラン高原やヨルダン川西岸地区といった入植地と関係のあるイスラエル人です。もともとイスラエルの領土ではないエリアに入植し、何十年間も不法占拠しているので（国連でさえ不法占拠という言葉を使用）、もともと自分たちの領土だと思い込んでいるのです。つまり、法律に基づかない軍事支配が行われ、それを当然のこととして考えているのです。

マンションや住宅をつくって、イスラエル人をどんどん入植させ、そこで生まれ育った第2世代が大人になっています。彼らにとってはすでにふる里であり、パレスチナ人に土地を返す気など毛頭ありません。彼らにとっては、パレスチナ人に土地を〝返す〟のではなく、パレスチナ人に土地を〝盗《と》られる〟という気持ちなのでしょう。入植者の第2世代がパレスチナへの強硬派となり、ネタニヤフ政権を支えているのです。

一方で、ユダヤ人の中でもユダヤ教の教えを厳格に守る「超正統派」と呼ばれる人たちもいます。イスラエルの人口約１０００万人のうち13％は超正統派と言われ、黒いスーツや伝統的な帽子を着用し、厳しい戒律を守り、世俗社会から距離を置いています。

彼らは徴兵制にも反対しており、徴兵制を進めるネタニヤフ政権と対立しています。連立政権を組んでいる超正統派の政党が離脱すれば、ネタニヤフ首相は政権を維持できなくなるのです。極右、超正統派などの政党の危ういバランスの上に立っているネタニヤフ政権は、崖っぷちに立たされている内閣だとも言えます。

ネタニヤフ氏と同じように軍人出身なのが、国防大臣のガラント氏です。２０２２年に国防大臣に就任しますが、翌年3月には政府が計画した司法改革案に反対の声を上げたことはすでに紹介しました。

また、ガザでのハマス戦争後も、ネタニヤフ氏とガラント氏の意見は、ガザの統治問題で一致しておらず、対立しています。ガラント国防相は、パレスチナ自治区の戦後の統治に対して、ネタニヤフ首相がイスラエルの関与を改めて表明したのに対し、危険な選択肢だと公然と批判しました。つまり、ネタニヤフ氏は、ハマスとの戦闘終結後のガザの統治は、パレスチナ自治政府ではなく、イスラエルが軍事的責任を持つと表明したのです。これに対し、ガラント氏はテレビ演説で、イスラエルによる統治が続くことは戦略的、軍事的に危険な選択肢だと公に反対しました。

ガラント氏は、「ハマスの解体のためには、敵対的でないパレスチナ政府の樹立が必要」と主張してきました。ネタニヤフ内閣にパレスチナ勢力による統治を提起してきましたが、反応がないと述べ、不満をあらわにしました。ガザの戦後統治を巡り、政権内の溝が表面化したのです。こうした動きから見ても、崖っぷち政権だと言えるのです。それゆえ、ネタニヤフ氏は戦争を終わらせるのではなく、拡大させる方向にあり、この政権が暴走し、イランやトルコ、ロシアを巻き込んだエゼキエル戦争の引き金を引かないよう注視する必要があります。

ハマス戦争に巻き込まれたくないイラン

ネタニヤフ政権にとって、10月7日のハマスの攻撃は都合がよかったのかもしれません。翌8日からのイスラエルの反撃はすさまじく、イスラエル軍とハマスとの衝突が始まって10カ月が経った時点で、ガザ保健当局の発表によれば、ガザにおける死者は4万人を超えています。戦闘開始前のガザの推計人口の2％に相当する人数で、死者のうち1万6000人が子供だということです。実際にはこれよりも死者数は多いでしょうし、医療施設の破壊と食料や水の不足により、今後はさらに死者数が増えるものと考えられます。

また、国連によれば、死亡者の大部分が女性と子供だと言われ、毎日平均130人ほどが命を落としています。国際社会の非難に対しても、イスラエル軍はハマスが学校や病院などの民間施設に隠れているとして、戦争での攻撃が禁止されているこれらの場所を空爆し、地上戦を展開しています。国際的には行き過ぎた報復攻撃だと批判されました。

一方で、ハマスの後ろ盾となっているイランは、本心では戦争に巻き込まれたくないと考えているでしょう。戦争ができる状態ではないほどに経済は悪化していますし、2024年からはBRICSに正式加盟し、国際社会の仲間入りを果たした矢先ですから、戦争はしたくないはずです。実際、イスラエルの過剰な反撃に対して、孤立化しているのはイスラエルであって、イラン寄りの国は増えているのが現状です。

とはいえ、もともとイスラエルは、イランの核開発をどうしても止めたいという「オクトパス・ドクトリン」の姿勢があるわけですから、よりイランに対して敵対していきます。イラン側も、ユダヤ系の原理主義者が過激化すれば、イランはシーア派の「十二イマーム派」なので、厳格なイスラム原理主義が台頭し、反イスラエルの気運が高まります。イスラム教の聖地であるエルサレムを奪ったユダヤ人国家イスラエルを地球上から殲滅するという、イラン建国の国是が頭をもたげるのです。

2024年、中東に暗雲が漂い始める

24年4月、こうしたなかで起こったのが、シリアのイラン大使館で革命防衛隊の幹部が殺害された事件です。イランはついに、イスラエルを史上初めて直接攻撃します。これまではは打倒イスラエルの志をともにするヒズボラ、ハマス、シーア派に資金や武器を提供したところで自らは攻撃しなかったイランが、初めて攻撃を行ったのです。イスラエルによるダマスカスのイラン大使館空爆の報復として、ヒズボラやフーシ派と協力してドローンや弾道ミサイルなどを、イスラエル本土に向けて発射しました。

約170機の無人機、30発以上の巡航ミサイル、120発以上の弾道ミサイルが、イスラエルとイスラエルが占領するゴラン高原に向けて飛ばされました。イスラエルは迎撃システム「アイアンドーム」で99%を破壊し、イスラエル領空に到達する前に破壊したと発表しています。

イランは、すぐに終結を宣言し、攻撃は短期間に終わりました。事を荒立てすぎると、

結局アメリカの軍事介入を招いてしまい、双方にとってメリットはありません。イランは、報復攻撃を一定の範囲の中で収めておくという態度を示したわけです。

5月19日、イランのライシ大統領（当時）とアブドラヒアン外相らが乗ったヘリコプターが墜落し、全員の死亡が確認されたとのニュースは、世界を震撼させました。絶大な権力を誇る最高指導者ハメネイ師の後継者として見られていたライシ大統領の死は、当初から事故なのか、国内の勢力争いが原因なのか、それともイスラエルによる破壊工作なのか、で意見は分かれました。

イランの国営メディアが20日朝に、ライシ大統領の死を伝えると、イラン国内では支持者たちが悲しみの集会を開いたと報じられました。

7月3日、レバノン南部でイスラエル軍の空爆があり、ヒズボラは幹部が殺害されたと発表します。これに対して、ヒズボラがイスラエルにロケット弾の集中砲火で報復攻撃しました。ヒズボラとイスラエルは23年10月7日以降、国境を越えた武力衝突が続いており、全面戦争に拡大する懸念が指摘されていました。国連とアメリカは、イランやその他同盟国を巻き込む戦争が壊滅的な結果を起こしかねないと警鐘を鳴らしてきました。

ヒズボラはレバノンを中心に活動しているシーア派組織ですが、反欧米の立場を取り、イスラエルの殲滅を掲げているので、欧米からはテロ組織と認定されています。レバノンはイスラエルに対して、強い非難を出していますが、本音では戦争をしたくないはずです。レバノンもイランと同様に、戦争ができるような経済状態ではなく、国民生活を守るためには戦争を避けたいのです。

7月27日、イスラエル軍は、イスラエルが占領するゴラン高原のサッカー場にロケット攻撃があり、遊んでいた子供たちが少なくとも10人が死亡、20人以上がけがをしたと発表しました。

イスラエル軍はレバノンを拠点とするヒズボラによる攻撃だと主張していますが、ヒズボラは関与を否定しています。ヒズボラは、23年10月7日以降のイスラエルとハマスの戦闘開始以降ハマスに連帯を示して、イスラエル北部に攻撃を続けており、交戦が激化していました。イスラエルの外相は、アメリカメディアに対して、「レッドラインを越えた。われわれは、ヒズボラとレバノンに対する全面戦争の瞬間に近づいている」と述べたほか、イスラエル国内の右派の閣僚からは激しい報復攻撃を求める声が上がったのです。

しかし、この件に関して、ヒズボラは関与を否定しており、イスラエル側の誤爆か、自作自演の可能性も指摘されています。なぜなら、ヒズボラはじめイスラム過激派は、イスラエルへの攻撃は自らの誇りであり、国民の支持も高まるので、たいてい犯行声明を正直に発表するからです。


さらに、7月31日には、イスラム組織ハマスの最高指導者だったハニヤ氏が、訪問先のイランで暗殺されるという衝撃的なニュースが世界を駆け巡りました。イランのメディアによると、ハニヤ氏は首都テヘランの退役軍人関連の建物に滞在しており、午前2時ごろに爆発があったと言われています。

イラン当局やハマスなどは、イスラエルによる暗殺と断定。『ニューヨーク・タイムズ』は、2カ月前に仕掛けられた爆弾が遠隔操作で爆発したと報じています。ミサイルで攻撃されたとも、射殺されたとの説もあり、原因はわかりませんが、いずれにせよ諜報機関モサドが関与している可能性は否定できません。

ハニヤ氏の葬儀は、外国人としては異例の手厚さで執り行われました。ハニヤ氏の棺を前に祈りを捧げたイランの最高指導者ハメネイ師の怒りは、いかほどだったでしょうか。ハメネイ師は復讐が義務だと報復を明言。イスラエルとの間で、かつてないほど緊張が高まったのです。

ハニヤ氏はイランのペゼシュキアン新大統領の就任式という重要な式典に招かれ、テヘランに滞在していました。イランとしては、自国の式典に招待した賓客《ひんきゃく》が暗殺されるという失態となり、新大統領はイスラエルがハニヤ氏を「卑怯にも暗殺したことをイスラエルに後悔させる」と強く非難しました。

また、カタールの外務省は、ハニヤ氏殺害を「凶悪な犯罪で危険なエスカレーション、そして国際法と人道法に甚《はなは》だしく違反する行為だ」と非難しています。ロシアとトルコの外務省も、今回の攻撃を非難。ヨルダン、レバノン、中国の外務省も、それぞれハニヤ氏の暗殺を非難しています。今回の一件で、反イスラエルの流れと拡大ＢＲＩＣＳへのブロック化に一挙に傾いた感があります。

待ったなしのイランの報復攻撃

8月には、イランとの緊張がかつてなく高まっているイスラエルのネタニヤフ首相が、ハマスやヒズボラ、フーシ派に決定的な打撃を与えたと述べています。ガザ地区のハマス、レバノンのヒズボラ、イエメンのフーシ派はイスラエルに対する抵抗の枢軸と呼ばれ、いずれもイランから支援を受けている組織です。イスラエルはハマスの最高幹部ハニヤ氏を殺害したと見られていますが、その前日にはヒズボラの司令官を殺害したと発表。フーシ派に対しても、初めてと見られる空爆を行っています。

イランを後ろ盾とする中東各地の組織に対し、攻撃を激化させているイスラエルには、イランなどを挑発して本格的な反撃を受ければ、アメリカ軍が参戦するとの思惑もあるのでしょう。自国の犠牲を抑えながら敵対勢力を叩くために、アメリカを戦争に引きずり込む狙いがあるのかもしれません。

4月にイランがイスラエルに報復攻撃を行った時点よりも、さらに緊張は高まっています。一つ間違えれば、中東での戦争拡大に発展するといったリスクも指摘されはじめています。

イランにとってみれば、国内で新大統領が就任するに際して、外国の要人を招待したにもかかわらず、自国のゲストハウスで暗殺されたわけです。これは報復をせざるを得ない状況ですし、まさに深刻な事態です。

イランがイスラエルへの軍事報復に踏み切るとの懸念が高まり、アメリカなど5カ国がイランに自制を求めました。アメリカのバイデン大統領は、イギリス、フランス、ドイツ、イタリアの首脳と電話で会談しました。5カ国の首脳は共同声明を発表し、報復攻撃が行われた場合、中東地域の安全保障に深刻な影響を及ぼすとして、イランに報復攻撃をやめるよう求めました。イラン外務省は、こうした動きに対し、政治的論理を欠き、国際法の原則に反するなどと反論しました。

一方、イスラエルメディアは、イランが報復攻撃に踏み切った場合、イラン領内に反撃すると、欧米諸国に伝えたと報じました。まさにエゼキエル戦争前夜といった状況になったのです。

アメリカは、イランが何かしらの形でイスラエルを攻撃すると見ています。イランはハマスの最高指導者が殺害されたことに加え、その直前にも、レバノンで自らが支援するイスラム組織ヒズボラの最高幹部がイスラエル軍による空爆で殺害されるなど、いわばメンツをとことんつぶされた状態です。これに対するイランの報復攻撃について、欧米の情報機関はヒズボラとの共同作戦になる可能性が高いと見ています。

イランは中東最大のミサイル保有国とされ、革命防衛隊を含む兵力は現役61万人、予備役35万人を擁し、対戦車ミサイル、対空ミサイルなどを保有するなど、命中精度の高いミサイルでイスラエル全土のどこへでも攻撃する力があると言われています。

対するイスラエルは中東最強の軍事国家で、「アイアンドーム」と呼ばれるミサイル防衛システムは、9割近くのミサイルを迎撃できるとも言われており、つねに臨戦態勢に入っています。

外交努力が失敗し、もし事態がエスカレートすれば、第5次中東戦争のリスクすら招きかねません。このためアメリカは、エイブラハム・リンカーン空母打撃群や原子力潜水艦ジョージアなどを周辺海域へ派遣し、イスラエルを防衛する考えですが、最悪の事態が避けられるのか、予断を許さない状況です。

そうした緊迫した状況で、イランはイスラエルへの報復攻撃に対するアラブ諸国の理解を求めるため、8月にイスラム協力機構（ＯＩＣ）の会合開催を要請し、この会合以降に報復攻撃があるのではないかとの見方もあり、中東での戦火が広がる懸念が高まっていました。

しかし、イスラエルは強硬姿勢を崩さず、その強気な態度の背景にあるのがアメリカの存在です。これまでアメリカは停戦を求める一方で、イスラエルには自衛権があるとも公言し、同盟国として武器などの供与も行い続けています。イスラエルにとっての最大の支援国として、イランの報復攻撃にも、空母などの追加派遣を命じて、防衛強化の対応をとっています。

ただ、こうした後ろ盾としてのアメリカの立場も、国内のイスラエル批判に抗しきれずに変化の兆しも見えています。

停戦協議の狙いはどこにあるか

カタールのドーハでは、アメリカなどの呼びかけでカタールが仲介国となり、イスラエルとハマスの停戦交渉が8月初旬に行われましたが、ハマスは出席を見送りました。

イスラエルにとっては、ハマスに拘束された100人以上の人質を解放する最後のチャンスとされていました。この停戦交渉は、国内ではネタニヤフ首相に対し、自らの政治的な延命のため合意を引き延ばしていると非難する声が上がり、数千人が集まるデモが開かれました。

イランは、7月に起きたハマスの最高指導者ハニヤ氏のイランでの殺害や親イランの武装組織ヒズボラの司令官殺害を受け、イスラエルへの報復を示唆しました。

一方で、停戦交渉に進展があれば直接攻撃を自制する姿勢も示しているのです。関係国は、ガザを巡る停戦交渉の最大の狙いは停戦そのものではなく、イランの攻撃をとめることが最大の目的だと考えているのではないでしょうか。イランとしても戦争をしないに越したことはありません。イスラエルの譲歩を引き出したというストーリーを、アメリカや仲介国が用意することによって、事態が沈静化するのが一番望ましいのです。

最大の焦点となり得るのは、停戦後のガザの統治ということになります。つまり、停戦後にイスラエル軍がガザ地区に駐留し続けるのか、あるいはパレスチナの政権が管理するのか、ここにイスラエルとハマスの埋めがたい溝があります。

しかし、8月20日、アメリカのブリンケン国務長官は、イスラエルがガザ地区からのイスラエル軍の撤退に同意したと述べたのです。停戦協定は3段階に分かれており、第1段階は6週間の完全な停戦、第2段階は恒久的な敵対行為の停止、第3段階はガザ地区の復興に着手、というものです。最終的にはイスラエル軍の完全撤退も含まれるのです。

イスラエルとハマスがどこまで歩み寄れるかは予断を許さないのですが、いずれにせよ双方ともに、これ以上の戦争の拡大は望まないという方向にあると期待を持たせました。

ところが、翌21日、イスラエル軍のミサイル攻撃でレバノン南部で活動していたファタハの幹部が死亡したとのニュースが流れます。23年10月7日以降、ヨルダン川西岸地区を統治するファタハの幹部を狙ったのは初めてのケースです。これに対し、ヒズボラはイスラエルが占領しているゴラン高原にロケット50発を発射しますが、アイアンドームによって多くが迎撃されてしまいます。

イスラエルは、短距離ミサイルなどを迎撃するアイアンドームを各地に10基配備しているほか、イランからの弾道ミサイル攻撃に対しても、迎撃システムを準備しています。軍事力から見ると、反イスラエルの周辺諸国を圧倒しているのです。

「加害者イスラエル、被害者イラン」という構図

双方の一連の報復攻撃に対して、イスラエルがイランを挑発しているとの報道もあり、世界的にはイスラエルに対して厳しい視線が注がれています。だとすれば、イランはイスラエルの挑発に乗るよりも、外交上は抑制的に収めたほうがイスラエルを加害者として悪者にでき、自身を被害者にするという考え方もあります。

イスラエルをバックアップするアメリカを追い込むのは、イランの目的の一つであると

も言えますが、ただ一方で、イランは国内で攻撃を受けてしまうかもしれません。イラン政府が報復攻撃を思いとどまったとしても、今後イラン国内で右派のテロや政権批判が起きかねません。逆に、イラン国内には厭戦気分が膨らんでいるとの報道もあります。いずれにしろ、イスラエルに対しては、何かしら釘を刺しておかないといけない。何もしないというわけにはいかないのです。そういう点では、イランの新大統領はジレンマに陥っていることは間違いありません。

アメリカの場合、表向きはイスラエル支持を表明していますが、ネタニヤフ政権に対する不信感も同時に高まっています。この危険な政権により戦争に巻き込まれないよう、国際関係や外交に細心の注意を払っているように見受けられます。

一方、ロシアはどうでしょうか。

23年10月7日以降、ロシアにとっては、中東が不安定化するのはメリットがあります。なぜなら、アメリカなどＮＡＴＯの戦略的関心が、ウクライナのみならず中東にも分散されていくからです。

ただし、パレスチナの戦禍が拡大してしまうと、ロシアも巻き込まれるリスクが出てきます。ユダヤ系の人々がロシア国内にも多数いるので、イスラエルとの関係も大きいのです。一方で、ハマス戦争以降はイランを積極的に支持しながら、反米的な連携をつくる方向に軸足を変えてきているところがあります。

また、兵器の調達の問題もあります。ウクライナ侵攻で、兵器をロシアに供給している国が北朝鮮とイランぐらいしかないわけです。イランがイスラエルと本格的な戦闘になってしまうと、兵器の調達という意味では厳しくなります。さらにプーチン大統領自らも、イランに自制を求めています。それは報復行為をするなということではなく、民間人を巻き込むような報復攻撃をやってしまうと、ロシアからするとやりにくくなるからです。というのも、ロシアは、イスラエルがガザ地区の民間人に被害が出るような報復攻撃をやっていることに対して非難してきたからです。

ロシアはイスラエルを非難しながら、その後ろ盾であるアメリカに対し、国際社会の中で批判を高め、グローバルサウスを取り込む戦略を取ってきました。そういう取り込み作戦がやりにくくなる可能性があるので、民間人を巻き込むような報復に関しては強く自制を求めているのだと思います。

アメリカ大統領選後に期待するネタニヤフ首相

停戦協議が解決しない中で、ハマスの反撃能力が落ちたと見るや、イスラエルのネタニヤフ首相の狙いは、レバノンのヒズボラに向かいました。レバノンの首都ベイルートの市街地への空爆だけでなく、南部地域への地上戦も展開されました。また、地下深く攻撃する地中貫通爆弾「バンカーバスター」が使用され、ヒズボラの最高指導者ナスララ師など幹部20人以上が殺害されたとも伝えられました。同時に、多数の民間人も犠牲になったのです。こうした攻撃が行われる前には、ポケベルなどの通信機器に仕掛けられた爆弾が爆発し、死傷者が出ただけでなく、指揮命令系統も混乱したのです。

さらに、2024年10月1日には、イランが報復として少なくとも180発もの弾道ミサイルをイスラエルに発射し、イスラエルのネタニヤフ首相は「イランは重い代償を払うことになるだろう」と報復の連鎖を示唆しました。彼は政権維持のためにも、戦争が続いた状態にしたいというのが本音でしょう。彼を支える極右勢力の思惑もあり、第5次中東戦争やエゼキエル戦争を予感させる極めて危険な状況が今後とも続いていくのでしょう。

一方で、多数のイスラエル国民やパレスチナ人、また短期間で犠牲を拡大させたハマスやヒズボラも、本音では戦闘を拡大させたいとは思っていないはずです。イランの新政権にしても、アメリカへの歩み寄りを見せるなど、経済再建を優先させ、これ以上の報復の連鎖は望んでいないのです。つまり、第6次ネタニヤフ政権の暴走が、いかに危険であるのかがわかるかと思います。

すでに、最大の支援国であるアメリカの一部のユダヤ人社会にも、国際社会の意向を無視した現在のネタニヤフ政権を疑問視した意見が出始めています。しかし、戦争は一度起こってしまうと、それを終わらせるのが極めて困難なことは、過去の歴史が示しています。イスラエルを陰で支えるアメリカのリーダーは誰になるのでしょうか、そして国際社会がどれほどイスラエルに圧力をかけられるのでしょうか。この戦争が拡大するのか、あるいは終息に向かうのか、そのカギを握るのがアメリカの新しいリーダーであり、それはアメリカ国民に委ねられていると言っても過言ではないでしょう。

現代の戦争は、メディアやＳＮＳ（ソーシャル・ネットワーキング・サービス）を通じて瞬時に全世界に拡散され、世界の人々がその動向を注視しています。双方による暴力の応酬と言われるものの、防空システム「アイアンドーム」に守られたイスラエルとガザやレバノンでは、その被害の規模がまるで違うことは、報道レベルでわかることです。専門家やジャーナリストの解説を聞くまでもなく、多くの人がネタニヤフ政権の暴走に批判の目を向けています。国際社会がガザでの停戦協議に期待する中で、イスラエル軍がレバノンのヒズボラに攻撃をしかけ、イランを戦争に引きずり込んだのです。ネタニヤフ首相と極右勢力は、いまやアメリカのリーダーの顔色しか見ていないのでしょう。

24年11月のアメリカ大統領選に対して、ネタニヤフ首相は、中東の混乱の中でイスラエルの立場に立つトランプ政権になることを求めているのではないかと思います。パレスチナやイランとの関係がさらに険悪化していくという情勢になれば、アメリカは関与を深めざるを得ない状況に追い込まれます。そうであれば、福音派の後ろ盾のあるトランプ氏に次期大統領になってもらいたいというのが、ネタニヤフ氏の願望でしょう。

一方で、イランやロシアにしても、大統領選の結果を見てから交渉していくほうが良いと考えているのでしょう。トランプ氏が大統領になれば、ビジネス面での交渉も含まれてくるので軍事的な衝突を避けることができるかもしれないからです。トルコを含め、反イスラエルでは結束していますので、こちらもイスラエル強硬派との接点を探る作業になるのでしょう。

いずれにせよ、停戦合意では、ガザの統治を誰がやるかという問題が決まらない限り、本質的な合意になるとは思えません。とにかく、民主党政権におけるアメリカの中東地域における影響力は低下しています。アメリカの次期大統領が、いかに両者を交渉のテーブルに着け、解決の糸口を探るのか、世界の今後の運命は次期大統領にかかっている、と言っても過言ではないのです。

第4章
YouTubeドキュメント——2023年10月7日以前

The Eve
of the Ezekiel War

History and Present
of the Middle East
that Japanese People
Don't Know.

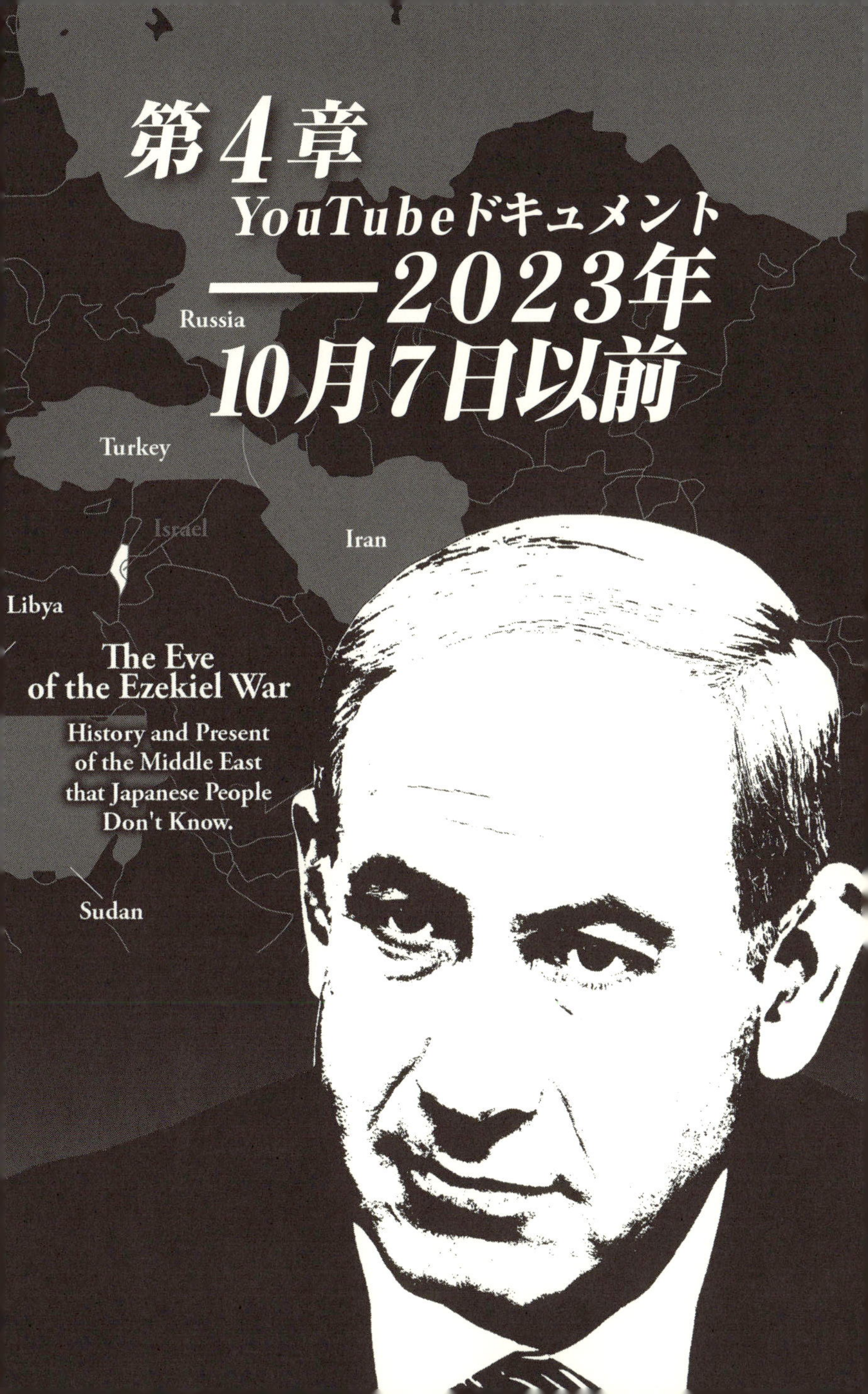

エゼキエル戦争が実現する予感

第4章（2023年10月7日以前）では、これまでYouTubeで配信してきた「越境3・0チャンネル」の中から、中東関係をテーマにしたものだけを時系列で紹介します。

これを見ることで、数年前から「エゼキエル戦争」に向かっていく、この地域の緊迫化した様子が手に取るようによくわかると思います。なお、年月日はYouTubeにアップした日を示し、見出し、解説の順にまとめてあります。

●2021年5月13日
【中東危機】戦争が起きる、緊迫するイスラエルとパレスチナ〝ハマス〟

中東危機、パレスチナ問題をわかりやすく解説。イスラエルに130発のロケット弾が打ち込まれ、イスラエルはパレスチナのガザ地区に報復爆撃。ガザ地区を支配するハマスとは？　ガザ地区とは？

中東に関しての初めての配信です。パレスチナ問題に関して図を入れて、わかりやすく解説しています。特にガザ地区とハマスについて深く解説している点、戦争が起きそうだと話している点は、いまから思えば現在のことを予測していたかのようです。

●2021年5月17日

【中東危機】第3次世界大戦の預言、緊迫するイスラエルとパレスチナ〝ハマス〟中東危機、パレスチナ問題をわかりやすく解説。イスラエルに数百発のロケット弾が打ち込まれ、イスラエルはパレスチナのガザ地区に報復爆撃。ユダヤ教の『旧約聖書』には第3次世界大戦の預言が載っている？

3年半前の配信です。この当時から中東情勢が「エゼキエル戦争」の状態に近づいていることに気がついていました。この頃は、まさか、現在のような最悪の事態になるとは予測もしていませんでしたが……。

●2022年6月14日

【中東情勢】次はイランとイスラエルの軍事的緊張が高まる！　第3次世界大戦〝エゼ

キエル戦争〟は起こるのか?

イランとイスラエルの軍事的緊張が高まっている。「イスラエルとの煮えたぎる緊張の中でイランのＩＲＧＣ将校は殺害された」（アルモニター）――イラン国内で起きたイスラム革命防衛隊幹部と国防省幹部の殺害事件。イランはイスラエルが関与していると名指しし、必ず報復すると発表している。これはいわゆる「サイレント・ウォー」（静かな戦争）と言われているもの。イラン国内で次から次へと重要人物が暗殺工作で殺害された。イランは名指しでイスラエルが関与していると怒っているが、イスラエルはやったともやっていないとも反応を示さない。だから、「サイレント・ウォー」と呼ばれる。

まさかのエゼキエル戦争が近づいている足音がこの時期から大きくなっていた。

●2022年6月15日
【第3次世界大戦】ウクライナ侵攻の陰で〝イスラエルとイランの戦争〟が始まった! エゼキエル戦争は近づいている

イランとイスラエルの軍事的緊張が高まっている。イラン国内で起きたイスラム革命防衛隊幹部と国防省幹部の殺害事件。「イスラエルが関与している、必ず報復する」とイラン政府は発表。しかし、イスラエルとイランの戦争はすでに始まっているとアラブニュースは報道。

「イスラエルとイランの秘密の戦争。荒唐無稽な否認の段階に入る」(アラブニュース)──対立が高まり、もはや〝秘密〟を隠しきれない。イランはイスラエルの軍事拠点があるイラク北部クルド人自治区エルビルを攻撃。また、イスラエルのミサイル攻撃により、シリア首都近郊で3人死亡とも伝えられている。

●2022年6月16日
【中東危機】〝殺されるのでイスタンブールには行くな!〟イランの復讐に厳重警戒のイスラエル、地獄の夏休みになる!?

イスラエルに必ず報復するとイラン政府が発表し、イランの復讐に厳重警戒のイスラエル。イスラエルの国民が夏休みに旅行に行くとしたら、トルコは人気の観光地だった。ところが、「イスラエルはイランの脅威によりイスタンブールを避けるように市民に告げた」(アルジャジーラ)──なぜなら、イランからの報復によって、トルコにいるイスラエル人が狙われる可能性があるから。パレスチナ問題、クルド人問題で悪化していたイスラエルとトルコの関係が改善しつつあり、イスラエル大統領が15年ぶりにトルコを訪問して、改善をアピールした中での記事。「イランは殺害されたイスラム革命防衛隊のハッサン・サイード・ホダエイ大佐の復讐を誓い、ランダムにイスラエル人を殺す可能性がある」と外務大臣兼首相代行のヤイル・ラピド大臣がイスラエル政府として発言。イスラエルとイランの緊張が非常に高まっていた。

●2022年7月5日【エネルギー危機】欧州期待のイスラエル産天然ガスは無事に輸出できるか!?　妨害するレバノン、ヒズボラ

エネルギー危機で苦しむ欧州期待のイスラエル産天然ガスの輸出がまもなく始まる。レバノンのヒズボラと対立するイスラエル。無事に輸出はできるのか。

「ヒズボラはレバノンを破産から救う取引に反対している」（エルサレム・ポスト）――これは、イスラエルが東地中海の新しい天然ガス田（カリシュ・ガス田）でレバノンと対立しているというもの。レバノンと係争中の海域からもイスラエルが天然ガスを掘るということで、ヒズボラが妨害している。その一方で、ウクライナ戦争で天然ガスが足りない

欧州に対して、イスラエルは「両国の利益にかなう形で海上境界の合意に達することは可能だ」ともしており、まず境界を画定し衝突を避けるとも言われた。

また、「エジプトとレバノンのガス取引はシリア制裁に関する米国の決定を待っている」（ロイター）——これはイスラエルの天然ガスがレバノン経由でシリアに送られることが、アメリカにとってはシリアへの制裁と絡んでいる問題で難しいということ。それをアメリカが許可するかどうかというニュース。

「シバ、デダン、タルシシの商人、およびその他もろもろの村々はあなたに言う、『あなたは物を奪うために来たのか。物をかすめるために軍隊を集めたのか。あなたは金銀を持ち去り、家畜と貨財とを取りあげ、大いに物を奪おうとするのか』と。」（エゼキエル書38：13）

という『エゼキエル書』の中身が具体的に採り上げられた。

イランの核開発速度の速さに脅えるイスラエル

●2022年12月26日

【中東情勢】第3次世界大戦の準備……イスラエルはMBSに電話し、イランを攻撃したいと言った

イスラエルのネタニヤフは、サウジアラビアのムハンマド皇太子に電話し、イスラエルはイランへの戦争の準備をしていると伝え、イランを攻撃したいので協力してくれと言った。

『イラン「湾岸諸国への新たな攻撃を計画」とイスラエルのスパイ長官が発言』（アラブニュース）――こうした攻撃が計画されているか不明なものの、イスラエル諜報特務庁の長官が発言をし、イラン政権が前例のない速度で核開発計画を推進しているとした。

また、「イスラエルはイランを攻撃したい。アラブの支援を求める」（CNBC）「イスラエル当局はMBS（ムハンマド・ビン・サルマン皇太子）に電話しイランを攻撃したいと言った」（CNBC）――この時点では、イスラエルはサウジアラビアが味方してくれるという算段があった。ところが、この裏ではすでに中国が動いており、イランとサウジアラビアが手を組む手筈《てはず》になっていたと思われる。翌年3月11日には両国が国交正常化するわけだから。イスラエルは無駄な動きをしてしまったことになる。対イラン強硬派のネ

タニヤフの首相復帰の可能性が高いこと、2023年に中東で大きな戦争が起こるのではないかという不安について話す。

●2022年12月27日
【中東情勢】イスラエルはイランを攻撃するのか!?　2023年大混迷の中東のパワーバランス（ムガール×石田和靖対談）

イランは神権国家で、イスラエルは恐怖を感じている。イランとイスラエルは核保有国同士の対決。いよいよ緊迫する二つの国。中国とサウジアラビアは深い関係。中東においてアメリカの力は弱くなった。

●2022年12月28日
【中東情勢】第3次世界大戦の火種、〝イスラエルとイラン〟。なぜそんなに激しく対立しているのか?

一触即発状態のイスラエルとイラン。しかし、イランにイスラム革命が起こる前はどちらも親米で、友好国であった。両国の関係の歴史をあらためてわかりやすく解説してみた。

●2023年1月4日
【中東情勢】2023年、イランは3年前の復讐を固く誓う！　近いうちにアメリカとイスラエルへの報復が実行される

1月3日、イランでは大々的なイベントが開催された。2023年、イランは3年前の革命防衛隊のソレイマニ司令官暗殺の復讐を固く誓うというそんなイベント。近いうちにアメリカとイスラエルへの報復が実行されるのか。トランプ大統領には、インターポールを通じて国際手配書が送られた。

「イランは、3年前のソレイマニ殺害の復讐を誓う」（アルジャジーラ）――イランの英雄であったソレイマニが米軍の空爆で殺害されてから3年。命日の1月3日にイラン当局が暗殺に関わった容疑者のリストを公開し、復讐を誓ったというニュース。国民的英雄が殺害されたための国内向けのアピールと思われる。

●2023年1月6日
【中東情勢】崖っぷちのイランは暴発寸前！　ヒジャブを発端とした反政府抗議デモの

拡大が悲惨な状況に……（ムガール×石田和靖対談）

中国、習近平の外交政策が大転換している。習近平国家主席のサウジアラビア訪問は、いろいろな方面で大きなインパクトを与えるとの見方が強い。中国はイランを見放し、アラブ諸国に寄り添うのか？　アメリカ排除への道のり。

このときにイランとサウジアラビアの国交正常化をやろうと、サウジアラビア側に提案をしていたのではないか。イスラエルでは、22年12月末にイランに対して強硬派のネタニヤフ氏の新政権が発足。新政権のコンセプト「政策の指針」が発表され、一つ目が「ユダヤ人がイスラエルのすべての土地の権限を保有する」。二つ目が「ユダヤ人の入植活動の促進」。これらが盛り込まれて、最初からパレスチナ人やアラブ人との共存には否定的。

一方、イランはイスラム教の聖地エルサレムを奪ったイスラエルという国が敵であり、反イスラエルがイランの国家理念、国家指針にある。そのイランが崖っぷち状態で、暴発寸前。ヒジャブ（女性がかぶる布）を発端とした反政府抗議デモが拡大していった時期。「イランからの資本逃避は年間少なくとも100億ドルに達する」（イラン・インターナショナル）との見出しもある。

●2023年1月7日

【中東情勢】イスラエル新政権はロシアとの関係を強化！　ネタニヤフとプーチンの親密ぶりにバイデン蚊帳の外

「イランを念頭に置き、イスラエルの新しい指導者たちがプーチンの機嫌を取る」（アラブニュース）——イスラエル新政権はロシアとの関係を強化。ネタニヤフとプーチンの親密ぶりにバイデン大統領は蚊帳の外。22年末に発足したイスラエルのネタニヤフ新政権。極右で強硬派として知られるネタニヤフ首相は、対イラン政策の安全保障を組み立てるうえで、アメリカから距離を置き、ロシアへと急接近している。

イスラエルはアメリカとロシアを天秤にかけ、ロシアはイスラエルとイランを天秤にかけているという複雑な構図を解説した。

緊迫するイスラエルとイランの関係

●2023年1月14日

【中東情勢】イスラエルが、いま戦争の準備を整えている！　ネタニヤフ首相のＩＲＧＣ包囲網が始動でイラン暴発寸前

この時点では「越境3・0チャンネル」でも、イランが暴発寸前と言っていた。中国の動きは、まだ誰も知らなかった。「イスラエルから英国へ：イランのＩＲＧＣ（イラン革命防衛隊）をテロ組織に指定」（エルサレム・ポスト）、「イスラエルはイランの核計画を『無力化』する三つの計画を持っている（陸軍長官）」――イランの核兵器開発が速いので、イスラエルが懸念している。そのため、イスラエルが戦争の準備を急いでいた。

●2023年1月15日

【中東情勢】サウジとイランの軍事力比較、どっちが強いか？

ミリタリーストレングスランキングから、サウジアラビアとイランの軍事力を比較してみた。第1位がアメリカ、第2位がロシア、第3位が中国、その後インド、日本、韓国、フランス、イギリス、パキスタン、ブラジル、イタリア、エジプト、トルコ。その次が世界14位の軍事力を持つイラン。その後、インドネシア、ドイツ、オーストラリア、イスラエル、スペイン、サウジアラビアと続く。軍事力ランキングで比較すると、イランのほう

がイスラエルよりも上になる。

イスラエルはイラン包囲網をつくろうとしているが……

●2023年1月17日
【中東情勢】第3次世界大戦はココから起こる！　イラン系イギリス人死刑執行でイランvsイギリス対立激化
第3次世界大戦の火種となるのか？　暴発寸前のイランが中東情勢の重要なファクターとなる。

中東情勢は2022年にがらりと変わった。それ以前の中東情勢には、イスラエルとアラブ諸国の対立という単純な図式があった。23年以降は、アラブ諸国とイスラエルが、対イランをにらんで手を組み始めている。イランと西側諸国など、その他の国も対立し始めていて、これが中東情勢の大きな火種となりつつある。
「テヘランは英国とイランのスパイを処刑する」（TV7イスラエルニュース）――世界

の中東に対する見方は以上のようであり、イスラエルには理想的な状況に見えた。
ところが、水面下で中国が動いており、3月には衝撃の事実が発表される。

●2023年1月18日
【中国とイラン】習近平は蜜月関係だったイランをついに見捨てる！　大混乱のイランは暴発寸前！　核開発進む

中国の習近平国家主席の外交政策が大転換している。習近平氏のサウジアラビア訪問は各方面で大きなインパクトを与えるとの見方が強い。

「イランは中国に見捨てられたと感じている」（ザ・プリント）――2カ月後にそうではないことがわかる。この時点では誰も気づかなかった。

●2023年1月27日
【中東情勢】第3次世界大戦前夜！　イスラエル史上最大の軍事演習開始、イランはウラン濃縮と最新兵器導入

「イランの核交渉が行き詰まる中、今週米国とイスラエルが史上最大の軍事演習を開始」

（アルモニター）――これは第３次世界大戦前夜か？　イスラエルが戦争の準備を進めている。今回、史上最大となる米国とイスラエルが合同軍事演習を開始。それに対するイランは、ウラン濃縮を急速に進め、ロシアから最新鋭の戦闘機を導入して空軍強化を急ぐ。エゼキエル戦争のストーリーに近づいている。

●2023年1月31日
【中東情勢】緊迫！　イラン軍事施設と核施設へのドローン攻撃！　ウクライナの策略か、それとも……

「イラン、軍事施設へのドローン攻撃を『阻止』。建物が損傷も死傷者なしと」（ＢＢＣ――イラン国内の軍事施設がドローン攻撃を受け、中東情勢が一段と緊迫化。

誰が攻撃したかは不明。ウクライナの策略との説も一部にあったが、アメリカメディアはイスラエルが攻撃と報道した。

●2023年2月7日
【中東緊迫】崖っぷちのイランは暴発寸前！　イスラエルとの戦争がもしも始まったら、

最悪のシナリオに……

これは第3次世界大戦前夜か？　イスラエルが戦争の準備を進めている。今回、史上最大となる米国合同軍事演習を開始。1月31日の攻撃は、イスラエルがイラク国内のクルド人を利用してドローンをイラン国内に持ち込み、攻撃をしたとイランが断定。アメリカ政府も犯人はイスラエルだと発表。アメリカ政府は、IMFを通じて、対イラン戦争にエジプトも巻き込もうとしている。もしもそういった事態になれば、世界貿易は大混乱に陥る。

●2023年2月11日

【中東情勢】第3次世界大戦の火種、中東緊迫！　あと○カ月後にイスラエルがイランの心臓部を狙う!?

「イランとイスラエルの緊張：イスラエルはタコの頭を狙っている」（アラブニュース）――オクトパス・ドクトリンのこと。また、イスラエル側の表現で面白かったのは、タコの手足だけではなく、沼に蚊が湧いて、モスキート（蚊）が襲ってくるから、沼ごと潰さなければいけないとも。2015年にナフタリ・ベネット元首相が発表し、現在はイスラエルの公式な作戦となっている。

●2023年2月16日
【中東情勢】崖っぷちのイランは暴発寸前！　反ヒジャブデモは本当に第3次世界大戦を招くのか？（ムガール×石田和靖対談）

イランとイスラエルの戦いは、ユダヤとイスラムの戦い。1400年間続いている。イランはシーア派の「十二イマーム派」。アリー・ハメネイは人類の終わりのときに、リーダーとなると、信じられている。イランはそのイデオロギーを輸出しようとしている。イラン軍とイスラム革命防衛隊（IRGC）、二つの軍隊は右腕と左腕。もしも戦争になれば、普通の戦争ではない。宗教戦争になる。

●2023年2月22日
【中東情勢】イラン、ついに核兵器が完成！　核戦争が起こる!?　先に撃つのはイスラエルか、それともイランか？

「84％の濃縮度は、イランの核兵器開発を止めるのはいましかないことを意味する」（エルサレム・ポスト）、「イスラエルはイランとの直接戦争を開始するか」（デイリーニュース・

エジプト）――イラン国内で84％の濃縮ウランをＩＡＥＡ（国際原子力機関）査察官が検出。この当時、イスラエルはイランの核保有を阻《はば》むべく、イランの核関連施設へのサイバー攻撃や核科学者の暗殺を実行していた。イスラエルは即刻イランを先制攻撃しないと核開発を止められなくなると言っていた。イランの核兵器は、ほぼ完成。もはやバイデン政権のイラン核合意は意味がなくなった。

●2023年2月23日【中東情勢】第3次世界大戦になるかもしれない!?　一触即発、イランとイスラエルは核兵器の発射が本気

「ネタニヤフ：イランに対する軍事行動は、待てば待つほど難しくなる」（エルサレム・ポスト）――イスラエル側の焦りが最高潮に達している時期。

「エルサレムにいるこの狂った男は、我々が何かをしなければ彼らは爆撃してくるだろうと考えている」（イラン政府）

「アラブ4カ国との関係を正常化し、今後さらにサウジアラビアがユダヤ国家との和平協定に署名する次の国になることを望んでいる。サウジアラビアの指導部がこの署名に正式

に参加することを決定した場合、私たちは飛躍的な進歩を 遂げることができます」（ネタニヤフ首相）

この時点で、イスラエルはサウジアラビアとの国交樹立に大きな期待を寄せていた。

●2023年3月1日

【中東情勢】いよいよ○週間後に戦争か!? イスラエルの対イラン戦争は恐ろしくも現実味を帯びてきた！

「イスラエルは、イランの核計画に対する軍事計画を強化する」（アルモニター）

イスラエルは戦争前夜の様相を呈してきた。

「アメリカとの協力が望ましいけれども、そのような支援がなくてもイスラエルは単独で行うだろう」（イスラエル国防省）

アルモニターは、戦争が起こるとすれば、数週間後と報道。

●2023年3月2日

【中東情勢】イスラエルは終末戦争の準備を急ぐ！ サウジアラビアは対イラン戦争に参

戦するのか!?

「イスラエルはイランと戦うための関係を巡って、サウジアラビアとの協議を強化」(ブルームバーグ)――イスラエルがサウジアラビアに接近。まさに終末戦争のカウントダウンを予感させる展開に。ところが、このすぐあとにどんでん返しが起こる!

●2023年3月3日

【中東情勢】イランVSイスラエル最終戦争前夜!　米バイデン政権はこれを阻止することができない!?

「オースティン国防長官がイスラエル、ヨルダン、エジプトを訪問」(アルモニター)

イスラエルへの支援とイランの核合意への復帰。バイデン政権の中東対策は矛盾だらけ。さらに、カショギ氏問題やバイデンの要請に反するOPECの石油原産に表れているように、サウジアラビアはバイデン政権に不信感がある。しかも、アメリカはウクライナ支援で精一杯で、とてもイスラエルを支援できる状況ではない。オースティン国防長官の二度目の中東訪問は無駄に終わる可能性が高い。

●2023年3月4日
【中東情勢】イランVSイスラエル最終戦争前夜！　イランが地下空軍基地と長距離巡航ミサイルを新たに発表

「長距離巡航ミサイル」はアラブニュースの報道。

●2023年3月5日
【中東情勢】イランとイスラエルの対立が最高潮に！　それまでの流れを簡単に整理します

「イラン『湾岸諸国への新たな攻撃を計画』とイスラエルのスパイ長官が発言」

「イスラエルはイランを攻撃したい。アラブの支援を求める」

「イスラエル当局はMBSに電話し、イランを攻撃したいと言った」

「イスラエルから英国へ：イランのIRGCをテロ組織に指定」

「イスラエルは、イランの核計画を『無力化』する三つの計画を持っている（陸軍長官）」

「テヘランは英国とイランのスパイを処刑する」

「イラン、軍事施設へのドローン攻撃を『阻止』。建物が損傷も死傷者はなしと」

「イラン、ドローン攻撃コメントでウクライナ大使を召喚」

「イスラエルはイランとの直接戦争を開始するか」

「84％の濃縮度は、イランの核兵器開発を止めるのはいましかないことを意味する」

「ネタニヤフ：イランに対する軍事行動は、待てば待つほど難しくなる」

「イスラエルは、イランの核計画に対する軍事計画を強化する」

ここまでの大きな流れで、イスラエルがイラン包囲網をつくり、他の国を味方につけようと一生懸命に情報発信し、行動していることがわかる。

●2023年3月6日
【中東情勢】イスラエルは終末戦争の準備を急ぐ！　アゼルバイジャンも対イラン戦争に参戦するのか!?

「イスラエルがイランを攻撃するために空港使用を許可するバクー」（イラン・インターナショナル）――アゼルバイジャンとイスラエルが関係を強化し、アゼルバイジャンがイスラエルに対して、軍の空港使用を許可するというニュース。これはイスラエルがイランの核施設を攻撃する最前線基地となる。「ナゴルノカラバフ戦争の構図」は解説済み。

また、「イランが北部で軍事演習を開始、アゼルバイジャンを牽制」（2022年10月

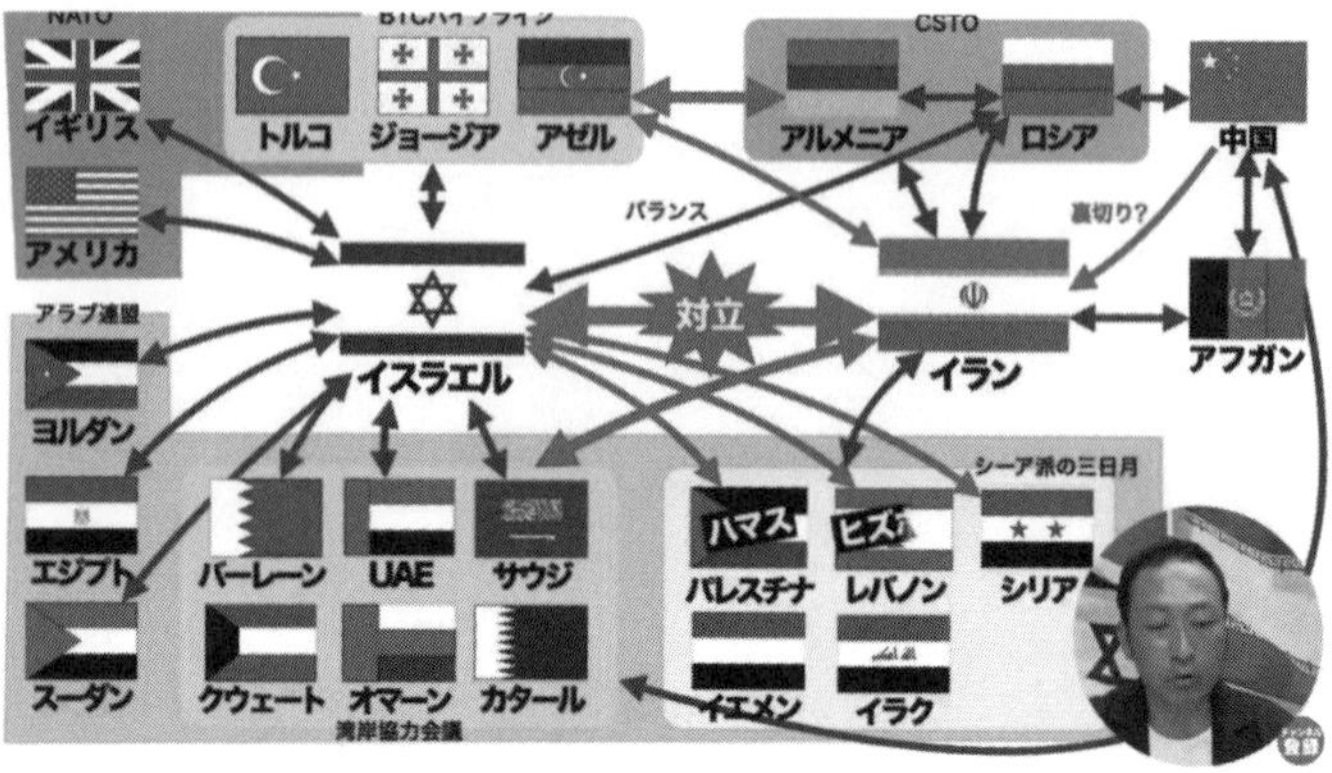

21日AP通信）——この軍事演習は、イランで最大の軍事演習とも言われていた。アゼルバイジャンに対して、「イスラエルの支援をするな」という牽制の意味があった。当時の関係図と違い、24年9月時点では、イランとアゼルバイジャンは良好で、逆にロシアとアルメニアは関係が悪化している。

●2023年3月7日

【完全保存版】〝イランvsイスラエルの対立の構図〟と中東の対立関係を一枚の図にまとめると、こうなります

中東をめぐる世界情勢を、構図を1枚の図にまとめ、わかりやすく解説。

●2023年3月9日

【中東情勢】イランは空域を拡大！　UAEとの新たな航空協定を締結、これはイスラエルへの対抗策なのか!?

トルコ・シリア大地震の被災地アレッポ（トルコとの国境近くのシリアの都市）が、さらに空爆も受けるという二重の悲劇に。シリアとイランはイスラエルの犯罪と強く非難し、イランとイスラエルは一層対立が深まる。

また、「イランはUAEとの航空協力に署名」（アルモニター）——イランとUAEは対立していたはずなのに、不思議なニュース。ただ、最近は、イランとUAEは、関係を深めようとし、UAEをイスラエルとイランが取り合っている状況であった。UAEはこの時点で、中国の仲介によるサウジアラビアとイランの国交正常化を知っていた可能性が高い。

イランとサウジアラビアが国交正常化！

●2023年3月11日

【中東情勢】イランとサウジアラビアが国交正常化！　中東エネルギー覇権は、完全にア

ALJAZEERA　News　Ukraine war　Features　Economy　Opinion　Video　More

Iran and Saudi Arabia, from rivalry to rapprochement

イランとサウジアラビア、対立から和解へ

March 10, 2023
Iran and Saudi Arabia have agreed to restore ties and reopen diplomatic missions after a years-long rift that has fuelled tensions in the Gulf and deepened conflicts from Yemen to Syria.

The agreement was reached on Friday during talks in Beijing between top security officials from the two rival Middle East powers.

出所：Aljazeera 2023.3.10

メリカから中国の手に移り変わった

「イランとサウジアラビア対立から和解へ」（アルジャジーラ）――ビックニュース！　なんと断交中のイランとサウジアラビアが、中国の仲介により国交正常化！　中東エネルギーの覇権は、完全にアメリカから中国の手に移り変わったか？

　政治的にも宗教的にも対立していたイランとサウジアラビアの国交正常化は、本来は日本が行うべきであった。タイミングも絶妙で、中東を訪問中のオースティン国防長官のメンツは丸つぶれ。

●2023年3月18日

【中東情勢】イスラエル窮地！　全面見直しのオクトパス・ドクトリン！　新たな枢軸国サウジ、イラン、中国の脅威米シリコンバレー銀行の破綻から広がる金融危機の懸念。

クレディ・スイスの破綻が騒がれているなか、筆頭株主サウジアラビア政府の巨額マネーはどこへ向かうのか。クレディ・スイスが破綻した後、サウジアラビアの財務省が記者会見を行い、これから西側諸国への投資マネーは減らしていくと発表。「その資金はどこに向かうのか」との質問に、「第三世界に投資をします」と回答。「第三世界とは具体的にどこですか」との質問には、「イランに巨額投資をすぐ始める」と。

また、「イランとの雪解け後、サウジアラビアはイスラエルに否定的なシグナルを送る」（アルモニター）――イスラエルはサウジアラビアに接近し、イラン包囲網ができたと考えていた。しかし、いきなりの手のひら返し。イスラエルが、まさに窮地に陥る。

●2023年3月22日
【中東情勢】『旧約聖書』は成就するか!?　追い詰められたイスラエルは3カ月後にイランを攻撃するという説

「イスラエルは3カ月でイランを攻撃する可能性がある、と退役したイスラエルの将軍は言う」（アメリカ・ワシントンビート）――『旧約聖書』の預言エゼキエル戦争に近づいているのか？　中東での反イラン連合が消滅する可能性が高い。イスラエル国防省の元准将は、バイデン政権の対応が遅ければ3カ月以内にイスラエルはイランを攻撃する、と予測。

さらに暴走するイスラエル・ネタニヤフ政権

●2023年3月24日
【中東情勢】過激化するイスラエル、暴走ネタニヤフ政権！　ラマダン初日にパレスチナ病院への非人道的な攻撃

「イスラエル軍、ラマダン初日にヨルダン川西岸地区を急襲。パレスチナ人1人死亡」（アラブニュース）、「病院への攻撃：イスラエルからパレスチナへのラマダンの贈り物」（アラブニュース）、「イスラエルの政策が『アラブ諸国との関係を脅かしている』」（アラブニュース）――『旧約聖書』の預言エゼキエル戦争に近づいているのか？　過激化するイスラエル、暴走ネタニヤフ政権。ラマダン初日にパレスチナ病院への非人道的な攻撃。

「パレスチナ人というものは存在しない。ヨルダンはイスラエルの一部である」（イスラエル閣僚の爆弾発言）

●2023年3月28日

【中東情勢】狂気のネタニヤフ政権！　司法改革で独裁化、過激主義に傾倒するイスラエルで大規模デモ

「イスラエルで首相に抗議の大規模デモとストライキ。司法改革めぐる国防相解任に反発」（BBC）――第3章で紹介した、第6次ネタニヤフ政権で進められた司法制度改革に反対する抗議活動が増加している。裁判所を政府の直轄下に置くというもので、イスラエルの民主主義を守れと、国を分断する勢い。その後、司法改革の採決を夏まで延期することで合意。このころから独裁化しようとするネタニヤフ政権の暴走が速度を増す。ネタニヤフは、自国民からもアラブ諸国からも見放されつつある。

●2023年3月30日

【再び戦争の可能性】〝イランとロシア、方向性の違い〟。外相会談はカラバフ戦争介入を

巡り意見が対立か!?

「テヘランは地域の地政学の変更を拒否：イランのFM（フォーリンミニスター＝外務大臣）」（イラン・インターナショナル）——イランのアブドラヒアン外相とロシアのラブロフ外相がモスクワで会談。今後のカラバフ情勢について話し合いを行う。

「アゼルバイジャンとアルメニアの紛争がエネルギー回廊に脅威を与える」——これは、ナゴルノ・カラバフ戦争のその後の戦後処理で意見が対立しているというニュース。

●2023年4月10日

【中東情勢】第3次世界大戦前夜！　イスラエルは集中砲火の攻撃、イランはイスラエルの崩壊を宣言

「イランのライシ大統領とシリアのアサド大統領は電話会談でイスラエルの『弱さ』と『崩壊』をアピール」（タイムズ・オブ・イスラエル）——『旧約聖書』の預言エゼキエル戦争に近づいているのか？　イスラエルは集中砲火の攻撃、イランはイスラエルの崩壊を宣言。イスラエルはシリアを攻撃、イスラエルはシリア、レバノン、パレスチナから一斉攻撃を受けている。トルコが「イスラエルとパレスチナの状況が悪化すると、イスラエルと

トルコの関係にも同様の関係が起こる」とイスラエルに警告した。イスラエルとトルコ&ロシアの関係が悪化し、エゼキエル戦争の状態に近づきつつある。嫌な予感がする記事。

●2023年4月14日

【中東情勢】第3次世界大戦前夜！　イスラエル元国家安全保障補佐官〝戦争の可能性は確実に高まっている〟

イスラエルがピンチ！

「イスラエルは米国の助けなしにイランとの戦争に備えなければならないと元NSA長官は言う」（タイムズ・オブ・イスラエル）、「ヒズボラ・ハマス・イラン戦線の統一に対するイスラエルの恐れが高まる」（アルモニター）――イスラエル側の焦りが表面化している時期。イスラエルは孤立化し、逆にイランは同盟国を増やしている。イスラエルは反イランで仲間をつくろうとしたが、逆に反イスラエルの仲間ができてしまった。こういった事態を招いたのは、ネタニヤフとバイデン。

●2023年4月15日

【中東情勢】一触即発！　イランVSイスラエルの激しい対立をアゼルバイジャン人から見るとこうなる（アリベイ×石田和靖対談）

アゼルバイジャンは全方位外交を展開し、イスラエルとの距離を縮めている。トルコとイスラエルとの関係修復にも努めている。日本とアゼルバイジャンが協力して、イスラエルとイランとの関係正常化ができれば素晴らしい！

イスラエルはさらに孤立化し、焦っていく

●2023年4月22日
【中東情勢】イスラエルは、イラン国境からわずか17㎞のところに諜報拠点を設置！　さらに暗殺スパイ行動を高める

4月18日、イランもイスラエルも国家の重要な式典があり、イランのライシ大統領もイスラエルのネタニヤフ首相も互いに敵国に対して牽制発言。イランのライシ大統領は、イスラエル最大都市テルアビブへの攻撃を示唆。イスラエルは、イラン国境からわずか17キ

ロの場所にあるトルクメニスタンに常設大使館を開設した。

●2023年5月1日
【中東情勢】米バイデン政権が同盟国イスラエルに制裁か!?　エゼキエル戦争の足音が近づいている!?

「イスラエルのアパルトヘイトに関するアメリカ世論の変化」（テヘラン・タイムズ）——パレスチナへの入植は、急激にエスカレートしている。強硬的なパレスチナ入植活動に対して批判が高まるネタニヤフ政権。バイデン民主党の半数近くが、イスラエルによるパレスチナへの行為はアパルトヘイトだと指摘。その半分近くが、イスラエルへの制裁を支持しているという。イスラエルとアメリカの微妙な関係が浮き彫りに。孤立化まっしぐらのイスラエル。

●2023年5月30日
【中東情勢】テロリスト拘束、イラン国境緊迫！　崖っぷちイスラエルは単独でイラン攻撃を開始するか!?　それとも……

「イラン、イスラエルと関係のあるテロリストメンバー14人を拘束したと発表」（タイムズ・オブ・イスラエル）——イラン北西部国境近辺でイスラエルと関係が深いとされるテロリスト14名が拘束された。イラン核開発阻止に向けて、もう時間のないイスラエル。アメリカはイスラエルの暴走を放置している。シリアがアラブ連盟に復帰し、イスラエルの中東地域での孤立化が際立ってきている。イスラエルは、まさに崖っぷち。さらにイランは、アメリカのバンカーバスター爆弾も貫通できない新たな核地下施設を複数建設中。

「サウジがイランの核開発を容認。中国仲介の国交回復、5項目の合意判明」（産経ニュース）

●2023年5月31日
【中東情勢】イランvsイスラエルは全面戦争に入る可能性が高い!?　ヘルツリーヤ軍事会議での危険な発言

「イランがイスラエルを攻撃すれば、全面戦争が勃発するだろう」（エルサレム・ポスト）

——ヘルツリーヤ会議は、イスラエルの都市ヘルツリーヤで開催される安全保障会議。国内外のイスラエルの有力者たちが会議を開き、閣僚、国会（クネセト）議員、軍将校、財界人、学者、メディア外交官などが出席する。この会議でイランとの間の戦争は、いかなる激化、事件、挑発も、直ちに全面戦争に入る可能性が高いと発表。緊張が高まるイランとイスラエル。

●2023年6月9日
【中東情勢】イランが今週公開した世界一のミサイルは、ほぼ迎撃不可能！　最短7分でイスラエルに到達する！

「イランは極超音速ミサイルを持っている。どういう意味か」（アルジャジーラ）――イランが世界最先端の極超音速弾道ミサイル、ファッタを公開。イスラエルのアイアンドームが迎撃不可能と言われているこのミサイルは、どのようなミサイルなのかを解説。

●2023年8月7日
【中東情勢】建国から75年、イスラエル分断！　過激化するネタニヤフ政権とそれを無条件支持のアメリカ二重基準
「イスラエル：不処罰がねぐらに帰ってくる」（アルジャジーラ）――イスラエルのアパ

ルトヘイトは、数十年にわたる西側諸国の見て見ぬふりに原因がある。

●2023年8月26日

【中東情勢】イスラエルがヤバい！　対イランの心臓部を狙うオクトパス・ドクトリン

●2023年8月27日

【中東情勢】イスラエルが独裁化に向けてまっしぐら！　残念ながら、いまのアメリカには何もできない

「アメリカはなぜ今、イスラエルとサウジの『正常化』協定を望んでいるのか？」（アルジャジーラ）――バイデンは、選挙対策として、〝外交の成功〟を手にしたいと考えているが、中国の仲介でイランとサウジアラビアが国交正常化したいま、イスラエルとサウジアラビアが正常化するのはまずいのではないか。アメリカがサウジアラビアに提供した武器は、イランや中国に流れてしまうのではないか。

●2023年9月8日

【中東情勢】ヤバいイスラエル、ネタニヤフ政権が過激化する裏には3人の超重要人物がいた！

3人の超重要人物とは、ベザレル・スモトリッチ（財務大臣）氏、イタマル・ベン・グヴィル（国家安全保障大臣）氏、ヤリフ・レヴィン（副首相兼法務大臣）氏のこと（第3章で詳しく紹介したので、そちらを参照）。

●2023年9月9日

【中東情勢】第3次パレスチナ隆起が起こるか!?　バイデン政権の中東政策は危険な道を進んでいる！

「越境3・0チャンネル」では、9月9日時点でインティファーダが起こる可能性を示唆している。インティファーダとは民衆蜂起のことで、通常、パレスチナで発生したものを指す。国際社会を反イスラエルの方向に向けるテロ作戦のことでもある。

10月7日のハマスのイスラエルに対する攻撃は、インティファーダとも言える。パレスチナはギリギリの状況であった。

「イスラエルの安全保障上層部、パレスチナ人との緊張を和らげる手段としてサウジとの合意を支持」（アルモニター）——イスラエルとサウジアラビアの国交正常化に関しては、バイデン政権が合意に近づきつつあると発表。

サウジアラビアは、パレスチナの大義が大切。パレスチナの要求は6点。

①国連でのパレスチナ国家承認に対するアメリカの支持
②エルサレムの在パレスチナアメリカ総領事館の再開
③パレスチナのテロ認定解除（ハマスのこと？）
④イスラエル入植地のヨルダン川西岸地区の移譲
⑤ヨルダン川西岸のパレスチナ人による統治
⑥ヨルダン川西岸のイスラエル不法基地の撤退

また、「イスラエルとの関係正常化のためにサウジアラビアがアメリカに求める条件」の内容は3点。

①安全保障の保証
②民生用核開発の支援
③武器販売に対する制限緩和

●2023年9月13日
【中東情勢】イスラエル、スパイ長官の公式演説がヤバい！　ロシアとイランへの攻撃を示唆〝エゼキエル戦争〟の序章か⁉

「イスラエルのモサドの長官、イランとロシアに新たな超えてはならない一線を設定」（アルモニター）――極めて異例。モサドの長官がイラン、ロシア、バイデン政権を批判。イランのテロ工作を防いだことを話す。イスラエルはこれまでサイレント・ウォーであったのに、これだけのことを話すのは、これまでなかったこと。イスラエルの焦りが見える。

●2023年9月14日
【中東情勢】エゼキエル戦争の匂いがする⁉　イスラエル、スパイ長官の公式演説にイラン政府が報復声明を発表

「モサドがテヘランの上層部を攻撃すると脅迫後イランがイスラエルを激しく非難」（アルモニター）――「ナセル・カナニ報道官はイスラエル政府の愚かな動きには躊躇なく反応すると述べた」。報道官は「一国の当局者の暗殺計画をこのように公然と発表することは イスラエルのテロ政権を公然と示すだけだ」と断言してイスラエルは 実際にテロ行為

を行った実績があるとも主張している。

イランとイスラエルがきな臭くなっているなか、アメリカのバイデン政権がイスラエルとサウジの正常化を目指して動いてる。しかし、このことに対してもイランの最高指導者アリー・ハメネイ氏は「イスラエルとアラブ諸国の正常化はイスラム社会に対する反逆行為である」と非難。

サウジアラビアとイランは2023年3月に国交正常化が行われて現在強い同盟関係にあり、この2カ国が足並みを揃えてBRICSに正式加盟することが決定した。サウジアラビアとイランの2カ国と中国、ロシアというのは非常に強い同盟関係が構築されつつあり、BRICSはアメリカ離反、脱米ドルグループということで今動いている。少し前と比較すると、イランはかなり穏やかになり、それに対してイスラエルがどんどんどんどん過激化しているよう印象を受ける。

現在アメリカが進めているのはサウジアラビアに対しての核開発支援。複雑な状況にある。

第5章 YouTubeドキュメント——2023年10月7日以後

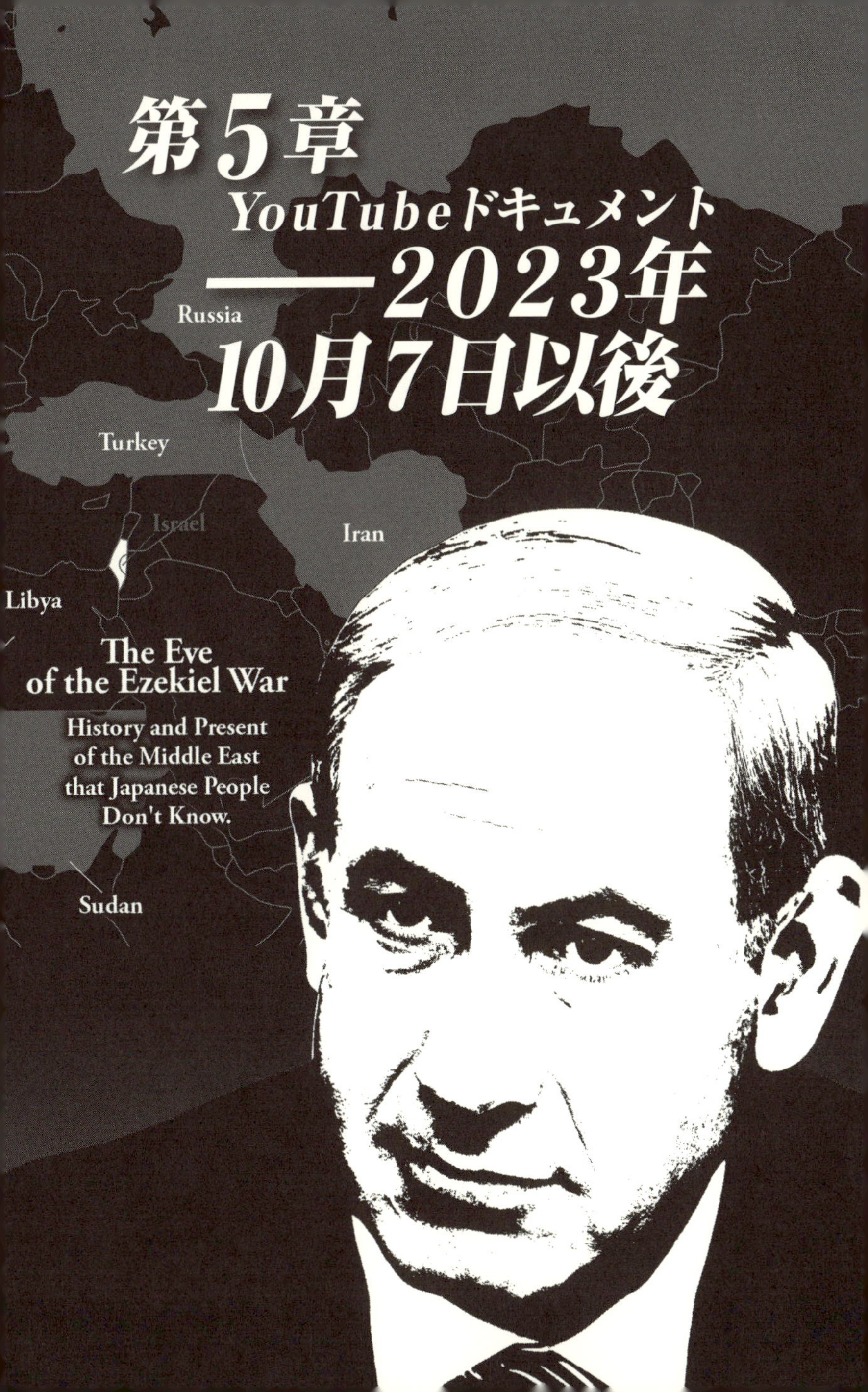

10月7日、イスラエルVSハマス戦争が始まった

イスラエルVSハマスの戦争は、国対組織の戦い。形の上では国対組織の闘いだが、実質は、イスラエルのシオニストVS過激派組織ハマスの戦い。テロ対テロの戦いだ。
そこで犠牲になるのは一般市民。パレスチナの人々はどうなってしまうのか?

第5章（2023年10月7日以後）では、ハマスの襲撃以降、ガザ地区でのイスラエル軍とハマスの戦争を中心としたパレスチナ情勢を時系列で紹介します。これを見ることで、「エゼキエル戦争」に向かっていく、この地域の緊迫化した様子が手に取るようによくわかると思います。なお、年月日はYouTubeにアップした日を示し、見出し、解説の順にまとめてあります。

●2023年10月10日

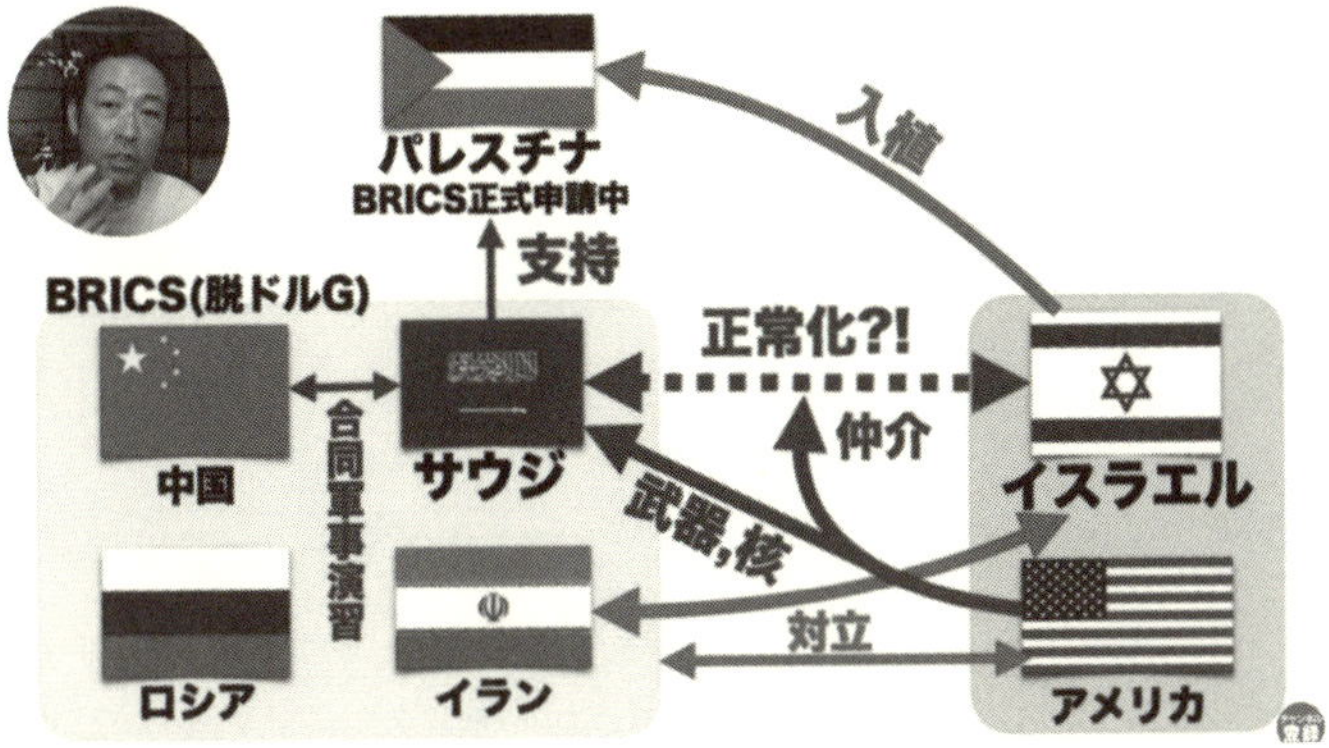

【パレスチナ情勢】日本のマスコミは流さない、陰に隠されたイスラエルの犯罪と民族浄化、第3次世界大戦の危機

まさに10月7日のハマスの奇襲攻撃はインティファーダであり、これがガザ地区での激しい戦闘になり、多くの犠牲者を生んでいる。ところが日本では、10月7日以前がほとんど報道されていない。

ネタニヤフ政権は、シオニストを指導者とする政権で、パレスチナをなくするというのが政策。イスラエル人によるパレスチナへの入植がエスカレートし、イスラエル軍によってパレスチナの民間人が連日殺されているということはアラブのニュースでは報道されているが、日本では報道されていない。対イラン政策、対パレスチナ政策、そしてネタニヤフ首相の司法制度改革。この三つの理由で、イスラエルの国民の50％がイスラエルから国外脱出をしたいと考えている。

イスラエルとパレスチナ、サウジアラビアなどを含んだ関係を1枚の図で解説すると、前頁の図のようになる。

アメリカはサウジアラビアに武器を提供。また、イスラエルとサウジアラビアの関係正常化の仲介もやっている。イスラエルはパレスチナに入植し、サウジアラビアはパレスチナのBRICSへの正式申請を支持している。こういう複雑な状況下でイスラエルとハマスの戦争が勃発した。

●2023年10月11日 【パレスチナ情勢】ハマス大規模奇襲攻撃は、どのように展開されたのか？ サウジアラビアとイスラエルの正常化交渉は終了。バイデン激怒

「イスラエルで何が起こったのか？ ハマス攻撃がどのように展開したかの内訳」（アルジャジーラ）――10月7日に起こったことを時系列で解説。

「ハマスとの戦争が始まっても、米国はサウジとイスラエルの関係を推進し続ける」（ニューヨーク・タイムズ）――バイデン政権の的外れな中東外交が浮き彫りになってい

る。サウジアラビアは、今回の戦争の原因はイスラエルにあるとの声明を発表した。

イランは、アラブ諸国に反イスラエル包囲網を提案

●2023年10月12日

【パレスチナ情勢】イスラエル軍の地上作戦は非常に危険である！　ハマスの〝無数の罠〟がイスラエル軍を歓迎することになる

「イスラエルのネタニヤフ首相には、ガザ地上作戦を開始する以外に選択肢はほとんどない」（アルモニター）――イスラエルの空軍は強いけれども、地上軍はそうでもないということを解説。ゲリラ活動にも対応せざるを得ない。

「イランとスーダン、7年ぶり国交再開で合意」（日本経済新聞）――スーダンとは、『エゼキエル書』に出てくる「クシュ」のこと。これはエゼキエル戦争の兆候なのか。

●2023年10月13日

【パレスチナ情勢】第3次世界大戦の危機！　ハマス攻撃後初のサウジ×イラン首脳会談　イランが参戦する？

「イランのライシ氏とサウジアラビアのMBS（サルマン皇太子）が、イスラエル・ハマス戦争について議論」（アルジャジーラ）、「イラン、イスラム・アラブ諸国に対し、ハマスとの戦争を巡りイスラエルと対決するよう呼びかけ」（タイムズ・オブ・イスラエル）

――イランはイスラエル・ハマス戦争に対して、イスラム・アラブ諸国の結束を呼びかけている。イランとスーダンは、7年ぶりに国交再開で合意しているので、エゼキエル戦争のストーリーにますます近づいてきた。

●2023年10月16日
【パレスチナ情勢】第3次世界大戦の危機！　戦闘員7万人にミサイル15万発待機、ヒズボラの参戦は地獄絵図と化す

ヒズボラが参戦してくると、次はその隣のシリアが参戦してくるかもしれない。イスラエル国境で領土争いの地域となっているゴラン高原はシリアとの国境なので、シリアがこの戦争に何らかの形で関わってくる可能性が高い。さらにシリアをバックアップしている

のはロシアだから、ひょっとしたらロシアも関わってくる可能性も十分考えられる。大戦争になる可能性が十分に考えられる。

●2023年10月17日

【パレスチナ情勢】ハマスの巨大地下都市がヤバい！　イスラエルの空襲も地上作戦も地中貫通爆弾もすでに想定内（マックス×石田和靖対談）

「イスラエルは陸軍の準備がまだできてない。ハマスは巨大な地下都市をつくっている。空からいくら攻撃しても難しい。トルコとロシアが人道支援という名目で、ガザに来るという話がある。まさに、エゼキエル戦争」（マックス）

●2023年10月18日

【パレスチナ情勢】日本のマスコミは流さない、加速するアメリカの孤立化！　大惨事ガザ病院攻撃はアメリカの犯罪か!?

「ガザの病院爆発で数百人が死亡。ヨルダンはバイデン首脳会談を中止」(アルモニター)、「ブリンケンがイスラエルの擁護者として、イスラエルの犯罪を正当化するという任務を非常にうまく遂行していることは明らかだ」（ミドルイーストモニター）――「アメリカは犯罪を犯している。なおかつイスラエルの犯罪をも正当化している。ウクライナ戦争とパレスチナ戦争の扱いは、見事に二重基準である」と中東のメディアが報道。

イスラエル軍の非道が明らかになってきた

●2023年10月19日

【パレスチナ情勢】大惨事ガザの病院攻撃は誰によって実行されたのか!? 徐々に明らかになってきたいくつかの〝矛盾点〟

「ガザの病院爆発に関するイスラエルの説明は何ですか？」（アルジャジーラ）――病院の爆発に関して、イスラエルはハマスのミサイルの誤爆だと言った。しかし実際は、ハマスではなく、イスラエルがやったことが徐々に明らかになっていく。

さらにアルジャジーラの記者が殺され、イスラエル政府は彼女の死に関与したことを最初否定していたが、その後、複数の独立した調査機関により彼女を殺害したのがイスラエル兵だと確認されると、イスラエル政府は彼女がイスラエル軍の銃撃で死亡したことを認めた。この事件以後、中東ではイスラエル政府と軍を信じない傾向が強くなった。

●2023年10月20日
【パレスチナ情勢】アメリカの参戦体制が実はかなりヤバい!?　上陸作戦を睨んだ次の展開は新たな大戦争が起こる可能性が?!（マックス×石田和靖対談）

「アメリカはどさくさ紛れにシリアを攻撃する可能性がある。しかし、シリアの一番の同盟国はロシア。アメリカがシリアを攻めたらロシアが出てくる」（マックス）
「バイデン大統領は、イスラエルの次はヨルダンに行く予定だったが、延期になった。アメリカの影響力は衰えている」（マックス）

●2023年10月21日
【パレスチナ情勢】アメリカ国内で起きているパレスチナ支持デモの裏側と、民主党政権の崩壊（マックス×石田和靖対談）

アメリカの分断とパレスチナ問題。民主党の支持者がパレスチナデモを行うのはＯＫだ

が、共和党支持者が行うと逮捕される。政府は、トランプの支持者は国の敵と考えている」（マックス）

●2023年10月23日
【パレスチナ情勢】イスラエル×ハマス、この戦争の終わり方、最終目的地はハルマゲドン!?（ムガール×石田和靖対談）

ハマスはファタハとパレスチナ内部で対立させるためにアメリカとイスラエルがつくり、育てた組織だが、想像以上に過激になってしまった。

●2023年10月27日
【パレスチナ情勢】地獄のガザ地上戦が始まる……イスラエルのネタニヤフ首相〝ガザ地上侵攻の時期を決めた〟と発表

「ネタニヤフ首相、イスラエルはガザ地上侵攻のタイミングを設定したと発言」（アルモニター）――ヒズボラが本格参戦し、レバノンが戦闘地域になる可能性が非常に高まってきている。ヒズボラの本格参戦となると、イスラエルにとっては南と北と両方で戦闘を行わなければならないので、かなり厳しい戦況。レバノンのヒズボラをバックアップしているのはイランだから、イランも参戦してくる可能性が高い。そうすると、危険なのは日本。日本は現在97％の原油を中東湾岸諸国に依存しているので、ホルムズ海峡が封鎖されると原油が入って来なくなる。

●2023年10月28日
【パレスチナ情勢】ハマスはなぜパレスチナの選挙で第一党になり、イスラエルを脅かすほど強くなれたのか？

ファタハは汚職がひどかったが、ハマスは貧しい人たちに草の根活動的に寄り添ってきた。その結果、選挙で第一党になった。

ハマスが過激になったのは、バイデン大統領のイランへの融和政策が原因。

●2023年10月29日
【パレスチナ情勢】陰に隠されたイスラエルの犯罪と民族浄化、第3次世界大戦の危機

国際社会で孤立するイスラエルとバイデン政権

●2023年11月4日

【パレスチナ情勢】ヒズボラの関与とネタニヤフ首相とブリンケン米国務長官が目指す〝大イスラエル建国計画〟

「ヒズボラのナスララ、ハマスのイスラエル攻撃への関与を否定。『100%、パレスチナ人』と発言」（アルモニター）

10月7日のハマスの攻撃は、ハマスが単独で行い、ヒズボラは関与していないとハッサン・ナスララが沈黙を破って発言。

「イスラエル、ガザ住民をシナイ半島に強制移住。文書流出」（日本経済新聞）――アメリカとイスラエルは、ガザ地区からパレスチナ人を追い出して、シナイ半島に強制移住させようと企《たくら》んでいることが発覚。

●2023年11月5日
【パレスチナ情勢】バイデン政権の嘘と矛盾、〝アメリカが積極的な共犯者〟である理由を中東アルジャジーラが指摘

「ブリンケンがガザで『人道的一時停止』を呼びかけた背景には何があるのか？」（アルジャジーラ）――バイデン政権はもはやイスラエルにさえも信用されず、便利なATMマシンとして扱われている。

「イスラエルに140億ドルもの資金を提供し、イスラエルがガザでの大量虐殺に使用している軍事品を補充している現在のアメリカ民主党政権は、積極的な共犯者だ」（米国政策研究員タリケニー・シャワー氏）

●2023年11月6日
【パレスチナ情勢】史上最強の非国家軍隊ヒズボラの参戦が迫るXデー……ハッサン・ナスララの対イスラエル緻密な計算

「ヒズボラのナスララは自制を示し、ガザ戦争で選択肢を残しておく」（アルモニター）
――ヨルダン川西岸地区でも、今回のガザ戦争のどさくさに紛れて過激化したイスラエル

軍や、入植者による軍事侵略、暴力虐殺などが日々行われている。

●2023年11月7日
【パレスチナ情勢】圧倒的〝ハマス有利〟に進むガザ市街地ゲリラ戦の真実、イスラエルの政治的敗北!?（マックス×石田和靖対談）

「ゲリラを1人殺すために市民を10人から20人殺している」（マックス）

●2023年11月8日
【パレスチナ情勢】ブリンケンのイラク訪問の翌日にイラン&イラクが共同声明発表〝バイデン政権の嘘〟

「イランのハメネイ師、イラク首相にガザ問題で米国に圧力をかけるよう要請」（アルモニター）――アメリカのブリンケン国務長官が予告なしでバグダッドを訪れてイラクのスダニ首相と会談をした翌日、スダニ首相がイランのテヘランを訪問してアリー・ハメネイ最高指導者とライシ大統領の2人と会談をした。アメリカの中東地域での弱体化を物語っているような出来事。同日、ライシ大統領はテヘランでのスダニ大統領との共同記者会見で「ガザでの人道的一時停止に向けたアメリカの取り組みに関する声明は全くの嘘である」と、共同記者会見で述べている。

「アメリカがこの戦争を直接主導していたことを証明する十分すぎる証拠があり、それがなければイスラエルは戦争を進めることはしなかっただろう」（アリー・ハメネイ師）

戦争終了後、パレスチナ人はどうなってしまうのか？

●2023年11月9日
【パレスチナ情勢】〝イスラエルとパレスチナはどちらか無くなるか？〟アメリカ人の思想は二つに一つ、どちらかが消える（マックス×石田和靖対談）
「アメリカの政治家、企業の経営者はイスラエル支持。学生などはパレスチナ支持。アメリカは二分されている。イスラエルは軍事的には勝つかもしれないが、政治的に負ける。イスラエルの将来は暗い」（マックス）

●2023年11月10日

【パレスチナ情勢】戦争後のガザ統治はどうなるのか!?　ガザ市民はファタハ、アッバス議長の統治はまったく望んでいない

アルジャジーラのガザ住民に対するアンケートの設問。

①ガザでハマス以外のパレスチナ人の統治体制をつくる

②ウエストバンクのアッバス議長率いるファタハ統治体制をつくる

③ガザ市民をすべてシナイ半島へ移住させる

特に③はひどい提案で受け入れられない。②のファタハの統治にも拒否反応がある。次に25歳のモハメドさんの意見を紹介。

「ヨルダン川西岸のパレスチナ政府がガザの人々に受け入れられ、支持される解決策であるとは私は思わない。パレスチナ政府の管理下にあるヨルダン川西岸で何が起こっているかがわかるため、私はそれを拒否しました。非常に多くの町への襲撃が常にイスラエル軍から行われており、パレスチナ自治政府の支配下にあるとみなされるこれらの地域では、常に人々が逮捕され、殺害されています。彼らファタハは、現場では何も言えません。これが、その統治がガザに何の利益にもならない理由である。私は（ハマス、ファタハ、そ

の他のパレスチナ諸派を含む）挙国一致政府を支持するだろう。そのほうがずっとよいだろう」

つまり、アッバス議長率いるパレスチナ政府はいらないということ。ファタハは、イスラエルからお金をもらって、イスラエルの言うままになっている。ヨルダン川西岸地区で何が起こっているかを見ているから、それを望まないということ。挙国一致政府を支持すると結んでいる。

●2023年11月11日

【パレスチナ情勢】イスラエル軍の病院爆撃は実は日常茶飯事!?

これまでのニュースを振り返る。

「病院への攻撃：イスラエルからパレスチナへのラマダンの贈り物」「イスラエル軍、ラマダン初日にヨルダン川西岸地区を急襲。パレスチナ人1人死亡」。また、イスラエルの「カリッシュ天然ガス田」と「タニン天然ガス田」の地図を紹介。

●2023年11月13日

【パレスチナ情勢】マスコミが言わない〝ヨルダン川西岸地区の悲劇〟イスラエルの犯罪と民族浄化は加速している

「ヨルダン川西岸で立ち往生しているガザ労働者は、戦争にもかかわらず必死に帰還を望んでいる」（アルモニター）――イスラエルに出稼ぎ労働に行っていたパレスチナ人たちは、10月7日以降、家族に連絡も取れないし、二度とガザには戻れなくなっている。そのうえ、パレスチナ人だからという理由で逮捕されたりもしている。戻りたいから、陸路を移動して国境近辺まで移動している人もいる。イスラエルでは様々なパレスチナ関連の法律を全て無効にするという手続きが容赦なく行われている。この戦争で引き裂かれた家族がたくさんいる。

●2023年11月14日

【パレスチナ情勢】イスラエル軍によるガザ侵攻が山場の中で、バイデン政権は〝シリア戦争〟を開戦するのか!?

「国防総省は、イスラエルがアル・シファ病院を包囲する中、イラクとシリアの米軍を52回攻撃と発表」（アルモニター）――アメリカがガザ戦争のどさくさに紛れてＩＲＧＣとその関連組織がイラクとシリアの米軍を攻撃した報復として、日曜日にシリアを空爆。それがエスカレートしそうな雰囲気。アメリカはシリアのアサド政権の転覆を狙っている。アメリカがシリアとイラクを攻撃する理由を探しているのではないか。

●2023年11月16日
【パレスチナ情勢】10月7日のイスラエル人1400人は〝イスラエル軍によって殺害された説〟が浮上!?（マックス×石田和靖対談）

イスラエル軍による誤射の可能性があるとイスラエル警察が発表。10月7日にイスラエル軍のヘリが出て、ハマスを皆殺しにしようと思って上から撃った。しかし、音楽フェスティバル会場で、誰がハマスなのかわからない。そこで、走って逃げているのがイスラエル人で、ゆっくり歩いているのがハマスだろうとの判断で、歩いている人を撃ってしまった。その中にイスラエル人が多数いたらしいというニュース。

●2023年11月18日
【パレスチナ情勢】小さなイスラムテロ組織ハマスを強くしたのは、実はバイデン政権だっ

たという説

バイデン政権はイランに対して融和政策を取った。両国は囚人交換とイラン保有資産の一部凍結解除で調整した。イランはアメリカの制裁により凍結されていた韓国政府の原油購入資金60億ドル（8700億円）を使えるようになった。そのため、イランの資金がハマスやヒズボラに流れ、兵器の購入に当てられた。

●2023年11月19日【パレスチナ情勢】バイデン政権は完全孤立化！　イスラム世界57カ国が米国の戦争責任への強い共同非難声明を発表

「アラブとイスラム諸国の首脳ら、西側を非難　ガザの惨状めぐり」（BBC）――イスラム協力機構57カ国の緊急首脳会談がサウジアラビアで開催。イスラエルを支援する国への石油禁輸も、この会議で話し合われた。日本も危なかったが、反対する国もあり、共同声明として採択はされなかった。ただ、57カ国はアメリカとイスラエルへ「偽善と二重基準と中東への無理解」という内容の共同非難声明を発表した。

●2023年11月20日
【パレスチナ情勢】〝イスラエル敗北に向かう〟イランはついに……!?　アリー・ハメネイ師は怒りの公式声明

「イランのハメネイ師、イスラエルがハマス戦争で失敗したのは事実と語る」（アルモニター）――国際社会のイスラエルに対する非難・圧力というのが日に日に強まってきている。実質のところ、イスラエルの政治的敗北なのではないか。イスラエルとアメリカはある意味、イスラム世界全体を敵に回したと言ってもいいのではないか。

●2023年11月21日
【パレスチナ情勢】〝岸田政権は蚊帳の外へ〟イスラム世界57カ国の停戦支援代表団はバイデンのポチ日本をスルー

「中国がアラブ外相会談を主催、イスラエル・パレスチナ紛争で『正義と公平』を推進」（アルモニター）――アラブ・イスラム代表団が今起きているガザ戦争の即事停戦への支持を強化することを目的として、最初に訪れた訪問先は中国の北京。続いて向かうのがロシア、イギリス、フランス。バイデン政権にべったり追随の日本・岸田政権は、蚊帳の外。

ALJAZEERA　News　Ukraine war　Features　Economy　Opinion　Video　More　LIVE

The Middle East: Goodbye America, hello China

さようならアメリカ、こんにちは中国

In an attempt to salvage his country's waning influence in the Middle East, US Secretary of State Antony Blinken is embarking on a three-day visit to Saudi Arabia this week. But advancing "strategic cooperation" with his Saudi and Gulf counterparts may well prove an uphill battle.

In July last year, President Joe Biden attended the Gulf Cooperation Council summit in the kingdom and vowed that the United States "will not walk away and leave a vacuum to be filled by China, Russia, or Iran". But that is precisely what has been happening.

出所：AlJazeera 2023.6.

「さよならアメリカ、こんにちは中国」（アルジャジーラ）――非常にセンセーショナルな記事。アメリカバイデン政権に対する強い非難。もうアメリカ排除の流れというのは止められない。

●2023年11月22日

【パレスチナ情勢】〝ガザ停戦〟人質交換協定が合意目前だが、一方でエスカレートする対ヒズボラ戦線

「レバノン国境で戦闘が勃発し、イスラエルとハマスの人質取引が差し迫る」（アルモニター）――独自外交を貫く国、カタールが仲介。イスラエルの北部戦線でレバノンとの戦闘が激化し、レバノン人ジャーナリスト2名がイスラエル軍の空爆で死亡。

サウジアラビアのムハンマド・ビン・サルマン皇太子はイスラエルへの武器輸出を停止するように世

界に呼びかけている。

●2023年11月24日

【パレスチナ情勢】イスラエル×ハマス4日間の一時停戦合意と人質交換、これが次のさらなるエスカレーションに向かう

「ガザ停戦前のパレスチナ人とイスラエル人の家族にとっての不確実性と希望」（アルジャジーラ）――イスラエルとハマスが現地時間24日の午前7時から4日間の戦闘停止に合意したと発表。この合意に基づいてハマスは合計50人の捕虜を解放し、イスラエルはそれに対して150人のパレスチナ人捕虜を解放する予定。この合意が着実に履行されるのかどうか注目の4日間、予断を許さない状況（結果的に、解放されたハマスの人質は計54人、イスラエルに釈放されたパレスチナ人は計117人）。

●2023年11月27日

【パレスチナ情勢】まるで生き地獄！　ガザ病院の惨状を院長や先生たちが世界に訴える

「アル・シファ病院には650人の患者が入院しており、そのうち45人が腎臓透析患者で

あり36人が未熟児。病院内には500人以上の医療スタッフと5000人以上の難民がいます」（アルジャジーラ・アル・シファ病院委員長）

ハマスも、イスラエルのシオニスト政権もテロリスト。テロリスト同士の戦い。

●2023年12月3日

【パレスチナ情勢】イスラム協力機構57カ国はイスラエル支援を続ける国への石油の禁輸を検討した（原口一博不死鳥の会での講演）

第4次中東戦争（1973年）のとき、田中角栄首相はアメリカ政府から要請された「中東戦争に参加し、イスラエルを支援してくれ」という圧力を、「日本の石油はアラブ諸国と繋がっている。アラブ諸国から嫌われてしまったら、石油は一滴も入ってこなくなる可能性がある」とばっさり断った。この田中首相の力があってアラブ諸国と日本との信頼というのが成り立ち、これまで安定的に石油が入ってくるという状況が何年も続いた。現在の日本の政治家も、アメリカべったりではなく、日本の国益を考えてほしい。

●2023年12月18日

【パレスチナ情勢】〝イスラエル軍がイスラエル人を射殺している〟という恐ろしく信じられない殺戮が実際に起こっている

「イスラエル軍、ガザの教会で母子射殺」（時事通信）

「イスラエル軍誤射の人質『白い布掲げていた』と軍関係者　『交戦規定に反する』事案」（BBC）——ハマスを殲滅させるという目的でガザに侵攻しているが、パレスチナの民間人がもう1万数千人殺害され、なおかつ、その上で一般のキリスト教やイスラエル人の人質までもが、イスラエル軍の誤射により、殺害されている。「ハマスを掃討するために仕方がない」という声明をイスラエル政府は発表。

●2023年12月19日

【中東情勢】バブ・エル・マンデブ海峡封鎖で経済破壊が起きる⁉　世界の海運が次々と紅海航行停止で最悪の事態に……

「攻撃を受けて紅海経由の航行を停止する海運大手が続出」（アルモニター）——イエメン・フーシ派の攻撃を受けて、12月15日に世界最大手の海運会社マースクラインとハパックロイド、この2社がバブ・エル・マンデブ海峡の通行を停止すると発表。16日には世界

第2位のMSC、第3位のCMACGMが同様の決定をした。

ホルムズ海峡とバブ・エル・マンデブ海峡、両方が封鎖されると、日本への原油はストップする。日本の政府は、それに対して対策を打っているのか。実は対策を打っているどころか湾岸諸国に90%の依存度があったのが、「アメリカに右へならえ」のロシアへの制裁で、97%まで引き上げている。最悪の場合、どうするのか？

●2023年12月21日

【ニコニコ全編ライブ配信】マスコミが決して流さないイスラエル×ハマス戦争の真実（及川幸久×石田和靖）

「10／7ハマスの襲撃は偽旗作戦」、「ユダヤ人はいまやイスラエルで47％の少数派」（2022／8／20）（ザ・タイムズ・オブ・イスラエル）――10月7日は、パレスチナからアラブ人を追い出すためにあらかじめイスラエルに計画されたものか？

イスラエルはメディアをコントロールできるのが強み。

●2023年12月25日
【中東情勢】バブ・エル・マンデブ海峡封鎖とネタニヤフ政権オクトパス・ドクトリン、オイルショックが来る？（原口一博×石田和靖対談）
上から4つの世界的な海運会社が、すでに危険だからとバブ・エル・マンデブ海峡を通らないと宣言した。4社で、海運シェアの半分を近く持っているほどの規模だ。それらの会社が南アフリカの喜望峰回りで遠回りをする。海運運賃が上がり、インフレが起こる。

●2023年12月26日
【パレスチナ情勢】ガザ虐殺はバイデン政権が深く関与している！　グローバルサウスはアメリカ排除を加速（及川幸久×石田和靖対談）

「米国はイスラエルに２０００ポンドのバンカーバスター爆弾を送る。その後、イスラエルに民間人の犠牲を抑えるよう要請？」（12／1）

「ウォール・スリート・ジャーナル」がアメリカがイスラエルに今どれだけ武器支援しているのかをすっぱ抜いた。ブリンケン国務長官は、ガザには民間人がいるから、民間人の犠牲がなるべく出ないようにとも言っているが、矛盾している。

●2023年12月28日

【パレスチナ情勢】イスラエル・ハマス戦争の終わり方はどうなるのか？『旧約聖書』のエゼキエル戦争が近づいている？（ムガール×石田和靖対談）

エゼキエル戦争では大地震が起こると預言されている。アンカラの市長は、トルコの大地震は人工地震だと言っている。イランやイスラエルがこの地域での地下核施設で大きな核実験を行えば、大地震が起こる可能性もある。もうこれは宗教戦争ではなく、政治戦争。権力闘争により、イスラエルがパレスチナ全部を自分の領土にしようとしている。

宗教戦争はもう、２０００年も続いているのだから、終わらない。

●2024年1月2日
【パレスチナ情勢】過激派ネタニヤフ政権の爆弾発言〝イスラエルはガザ入植を再開させる〟
「イスラエル財務相、ユダヤ人のガザ入植再開呼び掛け」（時事通信）
ベザレル・スモトリッチは、パレスチナ人に現在の土地の外への移住を奨励し、そこにイスラエル人が入植するべきであるという考えを示している。
ガザを実効支配するハマスは、この発言に対して、「これはパレスチナ人に対する激しい嘲《あざけ》りで戦争犯罪である」と非難し、「ガザの住民たちは、自分たちの土地と家から追放しようとするあらゆる試みに対して断固として立ち向かう」と述べている。

イランの参戦で、日本に原油が入ってこなくなる

●2024年1月5日
【中東情勢】ホルムズ海峡封鎖が現実味を帯びてきた！　ソレイマニ司令官4周忌でイランを狙った同時多発テロが勃発！

「イラン、ソレイマニ司令官の墓近くで95人死亡の爆発でイスラエルと米国を非難」(アルモニター)——前日、火曜日にはレバノンでハマスの幹部の殺害があった。

イランの情報省の発表によると「昨年の7月ソレイマニ司令官の墓での爆発計画がイランでテロ活動を計画していたイスラエルのスパイ組織と関連のある組織の計画に含まれていたこと」が明らかになった。

●2024年1月7日

【中東情勢】ホルムズ海峡&バブ・エル・マンデブ海峡のW封鎖!? フーシ派はディープステートを着々と追い詰める(及川幸久×石田和靖対談)

イエメンのフーシ派がバブ・エル・マンデブ海峡を通るイスラエルに関係した船を攻撃し、イスラエルの経済は厳しくなっている。

●2024年1月9日

【中東情勢】原油価格はほぼ2倍になる! 米英機雷部隊ペルシャ湾へ侵入! ホルムズ海峡&バブ・エル・マンデブ海峡W封鎖

イギリス海軍とアメリカ海軍、空軍が合同で1週間にわたって大規模な合同機雷対策演習を行った。イランへの威嚇が目的。ホルムズ海峡が封鎖されると原油価格が2倍になる可能性がある。「ガザ戦争が地球を脅かす、ゴールドマンが警告」（CNBC）

●2024年1月15日
【中東情勢】米英軍のイエメン空爆はフーシ派の思うツボ！　追い詰められるディープステート！　ホルムズ×バブ・エル・マンデブ海峡W封鎖（タレック×石田和靖対談）

NHKは、「武装勢力フーシ派の拠点をアメリカとイギリスが攻撃した」と報道しているが、これはアメリカが伝えている情報。実際は、中国によるサウジアラビアとイランの国交正常化により、イエメン内戦は終結。現在、フーシ派は、イエメンの政権を代表する存在であり、イエメンでは、フーシ派が支配しているところが最も安定している。結局この空爆は、バブ・エル・マンデブ海峡を通過する米英の船舶が攻撃を受けるだけの結果に終わる。

米英ともに、議会を通さずに空爆したのは、何か、急いでいたようだ。BRICSを中心としたグローバルサウスの国々は、フーシ派のバックについている。

●2024年1月21日
【中東情勢】イランが相次ぎ周辺国IS拠点をミサイル攻撃！　イランは米バイデン政権との直接戦争に向かうのか!?（ムガール×石田和靖対談）

イスラエルのパレスチナへの攻撃に対して、イスラム諸国のほとんどは行動に移していない。移しているのはイエメンのフーシ派だけ。そこでイランは、アメリカと関係があると思われるパキスタン近郊のＩＳの拠点を攻撃した。またパキスタンはスンニ派なので、シーア派のイランが攻撃したという意味がある。しかしながら、これはイランの外相とパキスタンの外相の打ち合わせのもとで行われており、国内向け。いわば、戦争のプロレスだ。

●2024年1月22日
【中東情勢】米イランの直接戦争はあるのか？　タコの触手ではなく親玉イランを引っ張り出したいバイデン政権の思惑

イスラエルと戦争をしているハマスはともかく、ヒズボラ、フーシにはそれぞれ思惑がある。ヒズボラは、レバノンの経済が崩壊しているため、できるならばイスラエルとハマスの戦争はエスカレートしてほしくないと考えている。フーシは、今回の紛争で自分たちの軍事力と国際社会での発言力を見せつけ、地域における重要な存在だと認めさせようと考えている。またイランは、アメリカとの直接的な衝突は避けたい。アメリカのバイデン政権はできればイランを引っ張り出し、アメリカの軍産複合体の利益、つまり、武器取引を拡大させたいと考えている。現在、それぞれの思惑が錯綜し、ガザ市民が殺されている。

●2024年1月23日【緊急ライブ】米vsイラン緊急対談〝ホルムズ海峡危機〟（マックス×ショコヒファード×石田和靖）

元イラン陸軍のショコヒファード氏も参加しての対談。

「ネタニヤフは、もうバイデンの言うことを聞かない。アメリカは戦争に大金がかかるが、イエメンのフーシ派は安い武器で戦える。アメリカ軍は兵器はあるが、人はいない」（マックス）

「アメリカ政府は方針が一貫していない。もしもアメリカと対立すれば、イランは武器もあるし、ホルムズ海峡を閉めることもできる」（ショコヒファード）

「ネタニヤフは戦争を止めるつもりはない。パレスチナ人を追い出すつもりだ」（マックス）
「アメリカが裏からＩＳを操っている可能性がある」（石田和靖）
「フーシ派もハマスも簡単には負けない」（ショコヒファード）

●2024年1月23日

【中東情勢】ネタニヤフへの全方位圧力！　抑えが効かないイスラエル！　ハマス人質全解放もネタニヤフは拒否で国内デモ

「ネタニヤフ首相、戦争終結と捕虜解放に向けたハマスのと合意を拒否」（アルジャジーラ）
ネタニヤフは、政権内の過激派シオニスト３人に、汚職の証拠を握られている。ハマスの合意条件を受け入れると、首相の座を失うだけでなく、汚職で逮捕される可能性が高い。ネタニヤフは、人質の命や国のことよりも、自分の保身を考えている。その後、８月31日、パレスチナ自治区ガザ南部ラファの地下トンネル内で米国籍を持つ男性を含む人質６人の遺体が発見された。

●2024年2月3日

【中東情勢】米軍がシリア、イラクを大規模攻撃開始！　イランに核を使わせたい!?　バイデン政権VSイラン

「アメリカ、ヨルダン攻撃への報復としてシリアとイラクのイラン関連標的を攻撃」（アルモニター）――アメリカは、イランが支援する民兵組織に対する前例のない一斉攻撃を開始した。これまでに前例のない大規模なものであった。

「これらの空爆はイスラム革命防衛隊とその関連民兵組織が、米軍を攻撃するために使用する標的を攻撃した。私たちアメリカの対応は今日始まりました。私たちが選んだ時間と場所で、これらは継続的に行われていく」（バイデン大統領）

●2024年2月6日

【緊急ライブ】アメリカ空爆！　バイデン政権と中東政策の未来（マックス×アリベイ×石田和靖）

アメリカの空爆は形だけ、選挙対策。バイデン大統領は、国内でも世界でも信用を失っている。

●2024年2月20日
【中東危機】フーシ派が核兵器を使う〝史上最悪のシナリオ〟元代ゼミ世界史人気講師の宇山卓栄さん登場！（宇山卓栄×石田和靖対談）

イランはすでに一週間もあれば、核をつくることができる。その核がフーシ派の手に渡り、イスラエルが爆撃されると大変なことになる。イエメンは非常に貧しい国で、自暴自棄になって、そのような行為を行うのはありえないことではない。フーシ派を動かすことができるのはイランだけなので、イランを国際社会の枠組みに引き戻す努力が必要。

●2024年3月20日
【中東情勢】世界は大きく変わる！　サウジ×イランの歴史的和解からちょうど一年…

中東におけるアメリカ、ヨーロッパの役割が全く機能しないことが露わになった。「これから西側への投資は減らしていき、第3世界、特にイランへはすぐに投資をしていく」(サウジアラビアの財務大臣)。イエメン内戦が終結。サウジアラビアは2023年月にシリアのアサド政権との国交を再開して、シリアはアラブ連盟にも復帰した。イスラエルは中東の中で中でどんどん孤立。イランとサウジアラビアは接近ではなくて緊張緩和だが、昨年3月の正常化合以降、ガザ戦争が起きたことでイランとサウジの2カ国の対話の機会が多くつくられ、サウジアラビアとイランの関係はさらに緊密化に向かっている。

パレスチナ人の生き地獄を知っていますか？

●2024年4月2日

【パレスチナ大使単独インタビュー】〝イスラエルの真の目的〟ガザの今後はどうなる!?（ワリード大使×石田和靖対談）

「76年前以来、国際社会はパレスチナ人に独立国家を約束してきました。今も彼らは二国間解決を言っていますが、何も起きていません。イスラエルの行動の目的は一つ、イスラエルとパレスチナからパレスチナ人を追い出すことです。

イスラエルのネタニヤフ首相は昨年10月前に国連に行き、国連で中東の新しい地図を見せたが、現在のパレスチナの部分は、イスラエルと書いてある、パレスチナとは書いていない。私たちは決して私たちの土地を去らない、この土地は歴史的にパレスチナだ、私の先祖は私自身に遡《さかのぼ》る。預言者ムハンマドよりも前、モーゼよりも前、アブラハムよりも前、仏陀よりも前、誰よりも前、私の先祖はパレスチナに1万年以上遡る、1万年前は宗教もなかった。ユダヤ人もキリスト教徒もイスラム教徒もいないのに、私たちの先祖は住んでいた。それなのにシオニストたちは、どうしてこの土地は自分たちのものだと主張できるのか」

●2024年4月4日
【緊急ライブ】イスラエルのイラン大使館攻撃で〝イランの報復〟はあるのか?!（マックス×石田和靖対談）
「バブ・エル・マンデブ海峡で、イスラエル関係の船を封鎖か?」（マックス）
「イランは単独では報復をせず、他の産油国とともにイスラエルに経済制裁をする」（石田和靖）

●2024年4月10日
【パレスチナ大使単独インタビュー】ガザで何が!?　イスラエルが狙うガザ天然ガス田（ワ

リード大使×石田和靖対談）

「10月7日以前に何があったのかを知ることが重要。西洋のメディアは、CNN、ABC、NBC、BBC、NHK、全て企業により操作されていて、もはやジャーナリズムではない。過去76年間、パレスチナ人は自己決定権、パレスチナ国家を持つ権利を否定され、イスラエルは奪えるものはすべて奪ってきた。たとえば、2023年10月7日までに280人以上のパレスチナ人の民間人、女性、子供がイスラエル人によってヨルダン川西岸で殺害されました。ガザはパレスチナ国家の一部です。過去17年間、ガザはイスラエル人によって封鎖され、食料や水が制限されています。なぜなら、私たちはイスラエルから食料、電気、暖房用の燃料もイスラエルから買わなければなりません。ガザとヨルダン川西岸のあらゆるものの90％はイスラエルから買わなければなりません。それは、イスラエルが私たちを占領しているからです。

まずガザは、ヨーロッパ、アフリカ、アジアにつながる非常に重要な場所です。2番目に、私たちは天然ガス田を発見しました。この天然ガス田は、パレスチナを完全に再建するのに十分で、イスラエルはこの海洋ガス田を欲しがっています。3番目に、イスラエルは拡張主義のためにガザを望んでいます。

ガザは、世界で最も人口の多い地域です。過去17年間、イスラエルはガザの人々を窒息させ、ガザから追い出そうとしています。イスラエルはガザに最大のゲットーをつくりました。それはドイツ人がユダヤ人にしたのと同じです。ガザは21世紀につくられた最大のゲットーであり、過去17年間、ガザでは残酷な生活が続いています」

●2024年4月11日

【ニコニコ全編ライブ配信】イラン報復はあるのか?!　中東情勢の今後と日本の危機（宇山卓栄×石田和靖対談）

「ヒズボラとイランの連携を断つために精鋭コッズ部隊の上級司令官モハマド・レザ・ザヘディ准将を殺害した。この計画をネタニヤフは知らなかった。実はイスラエルの軍部の暴走だった。10月7日のハマスの奇襲攻撃もモサドは知っていたが、ネタニヤフに伝えていなかった。彼は操り人形」（宇山卓栄）

「10月7日に関して、強硬派の大臣3人はモサドともに知っていた。イランは国際社会と足並みを揃えてイスラエルに制裁をする」（石田和靖）

●2024年4月15日
【パレスチナ大使単独インタビュー】〝日本と中東〟日本はどういう役割を果たすべきか？（ワリード大使×石田和靖対談）

「アジアの発展は日本とアラブでつくる。アジアの太陽は日本から昇り、アラブに沈む」

「宗教を問わず、日本人とアラブ人は考え方が似ている。日本には技術があり、アラブには資源があり、交換できる。また、日本人はパレスチナでは非常に尊敬されている。ガザで24時間空爆があるなか、日本人の医師たちは、ガザの病院で働いてくれている」

●2024年4月16日
【緊急ライブ】イラン×イスラエルは大規模直接戦争に突入するか?!（マックス×アリベイ×石田和靖対談）

アゼルバイジャンも、国益を考えてイスラエルへの経済制裁には踏み込めない。アメリカ国内は分断がひどいし、米軍もいまはそれほど強くない。現在はアメリカがイスラエルをとめているが、いつまで続くかわからない。イスラエルは小さな国なのでなくなる可能性もある。

●2024年4月19日
【中東情勢】イラン×イスラエル戦争の鍵となるのはサウジアラビア〝サウード王家〟(宇山卓栄×石田和靖対談)

サウード家の歴史。「サウジアラビアは、イランが核兵器を持っているので、自分たちも欲しがっている。アメリカと交渉し、バイデン大統領はOKしたが、議会が反対した」(宇山卓栄)

「サウジアラビアとイランは表向き、仲が良いことになっているが、実は狐と狸の化かし合い」(石田和靖)

●2024年4月20日
【中東情勢】〝イスラエル・ハマス戦争〟イスラムを敵視する保守たちが危険である理由(宇山卓栄×石田和靖対談)

「イスラムフォビア」とはイスラム教に対する宗教的偏見。日本の拝米保守は、「イスラムフォビア」に基づいて情報を流している。

●2024年4月20日
【中東情勢】イラン×イスラエル戦争で強くなるロシアとイスラエルの生命線バクー油田（アリベイ×石田和靖対談）

●2024年4月22日
【中東情勢】国際物流大混乱！　イラン×イスラエル対立で日本は超インフレに突入?!（アリベイ×石田和靖対談）

●2024年5月9日
【ニコニコ全編ライブ配信】ラファ侵攻がヤバい…イスラエルとネタニヤフ過激派政権の正体（宇山卓栄×石田和靖対談）

ネタニヤフのバックには少なくとも6人の過激派シオニスト官僚がいる。彼らはカハネ主義（一種のユダヤ民族至上主義）の流れを組む人物たち。彼らを支持しているのはイスラエルのテック企業。

●2024年5月10日
【中東情勢】イスラエルとサウジの正常化はあるのか?!　バイデン政権のWスタンダード（原口一博×石田和靖対談）
「サウジアラビアとイスラエルの国交正常化はワシントンでは高い評価を得られるが、現在のイスラエルの状況では無理」
「アメリカはイスラエルに、戦争をやめろ、と言いながら、武器を送っている」（石田和靖）
●2024年5月10日
【緊急ライブ】トルコ、イスラエルと全品目貿易停止！　トルコリラに異変?!（ちょいワル先生の為替LIVE）
●2024年5月14日
【イスラエル軍】ラファ侵攻があまりにも酷い！　国連職員も民間人も容赦なく殺害される〝地獄のガザ〟

「ガザ地区ラファでイスラエルによる攻撃でWHO運転手が死亡、外国人職員が負傷」（中東メミドルイーストモニター）

●2024年5月20日
【ドル円の動向】イランライシ大統領を乗せたヘリが墜落…これは本当に事故なのか?!（ちょいワル先生の為替LIVE）

アゼルバイジャンとの共同プロジェクト・アラス川のダム竣工式の帰り。アメリカはアゼルバイジャンと対立しているはずなのに、ヨルダンにいた米軍がアゼルバイジャンに移動していたという情報も。

●2024年5月21日
【中東情勢】イランライシ大統領を乗せたヘリが墜落……これは何者かによる暗殺工作なのか?!　それとも

軍事教義オクトパスドクトリンとの関係は?

「イスラエルの政治からがイランのライシ大統領の死を祝っている」（トルコメディア）

●2024年5月23日
【ニコニコ全編ライブ配信】第三次世界大戦は起こるのか?! 混迷の中東情勢を考察（大高未貴×石田和靖）

「クラウド・シーディング（人工降雨）が使用されたか？」

「今回のイスラエルの攻撃は度を超えている。イスラエルは戦争犯罪」

「ハマスをつくったのはイスラエル。ファタハと対立させ、パレスチナを分断するため」

「10月7日をイスラエルはは知っていた。株の空売りがあった」

「アメリカの中枢にいるネオコンは、第三次世界大戦を起こしたいと思っている。ユダヤ教もキリスト教もこの数年、終末論が高まっている」

「イスラエルの嘘のプロパガンダをバイデンが広めた」

西側のマスコミは真実を伝えていない

●2024年5月22日
【パレスチナ大使単独インタビュー】放射能を浴びて海水を飲む……ラファの地獄絵図は今後450年続く（ワリード大使×石田和靖対談）

「アメリカは、イスラエルのシオニストを支持し、イスラエルが勝つまでこの戦争をやめるつもりはない。ガザは国ではないのだから、そもそもこれは戦争ではない。これは虐殺だ。イスラエルはガザの人々に南ラファへ移動するように指示し、なおかつ、エジプトとの国境を閉鎖し、人々を南ラファに閉じ込めてしまった。彼らは水も電気も食料も、インフラもない。しかもイスラエルはジャーナリストを追い出し、この状況を世界に伝えないようにしている。

国連の報告書によると、爆弾によりガザの地面にばらまかれた放射線は、今後数百年間、ガザの土地から消えず、一部には誰も住めなくなる。ウランガスにより、大量のがん患者が発生し、汚染された海水を飲んでいるのでC型肝炎になる。そして、精神疾患も大きな問題となる。学校も病院も大学もなくした子供や女性はどこに住めばいいのか。イスラエルの爆撃が終わったあと、本当の悲劇が始まる。それでも私たちはガザから離れたくない。

アメリカが武器の供給を止めれば、イスラエルの侵攻は止まる。イスラエルを支持している人たちはすべて、ガザでの虐殺に加担している」

●2024年5月24日

【パレスチナ大使単独インタビュー】アラブ諸国はイスラエルとアメリカに対し厳しい決断を下す（ワリード大使×石田和靖対談）

「ネタニヤフ首相は、戦争を終わらせたくない。戦争が終了すると彼は終わりだ。首相の座から引きずり降ろされ、汚職で逮捕される。国際刑事裁判所（ICC）に逮捕される可能性もある。アラブ諸国はパレスチナの味方になってくれている。これはわずか7カ月間の占領ではない。76年間の占領だ。パレスチナ人は76年間、1967年に国家主権と東エルサレムが首都であり、イスラエルの占領から解放されることを約束されながら、実現していない。日本の人々は、企業に操られたメディアや行動しない政府に対して、この戦争をやめるように、声をあげ続け、彼らを動かせてほしい」

●2024年5月26日

【パレスチナ大使単独インタビュー】〝GAZA PLAN〟イスラエルと米国が作成し

たガザ計画の内容（ワリード大使×石田和靖対談）

「イスラエルがパレスチナの占領を続ければ、税金を取り、水や電気、インフラを売ることができる。アメリカは2国間解決と口では言うが、実は『ガザ駐屯計画』というものがあり、パレスチナ人をパレスチナの土地から追い出すつもりだ。

現在のイスラエルは私たちが知っているイスラエルではない。シオニストが指導者となった恐ろしい国だ。

歴史的に言えば、パレスチナは何世紀にもわたって占領されていたが、オスマン帝国の時代にはもっと自由があった。イギリスの委任統治に変わってからも自由があった。様々な宗教の人々が共存していた。問題が起こったのはヨーロッパでユダヤ人が迫害されてからだ。彼らが難民としてやってきたので、パレスチナは受け入れ、土地も与えた。彼らの中のシオニストは土地を買いたい、と言い始め、イギリスが許可を出し、土地を買い、テロを始めた。パレスチナは土地の22％でいいと認めたのに、そこからも追い出されようとしている。世界の人々は真実を知ってほしい」

●2024年5月27日
【ドル円の動向】イスラエルのラファ侵攻は不吉な予感しかしない（ちょいワル先生の為替LIVE）
　影響が世界に波及する可能性がある。

●2024年5月28日
【イスラエル・ハマス戦争】イスラエルと西側メディアの嘘がバレた！　10／7のアレは作り話だった…（大高未貴×石田和靖対談）
「ニューヨーク・タイムズの記事がイスラエルのプロパガンダということが暴かれた」（大高未貴）

●2024年6月6日
【ニコニコ全編ライブ配信】イスラエルは世界大戦に向かうのか?!　日本も他人事ではない（アリベイ×石田和靖対談）
ライシ大統領の墜落事故はアゼルバイジャンとイランが握手したそのあとの出来事だった。アメリカがアゼルバイジャンとイランの仲を割くためにやったのでは？

●2024年6月7日
【パレスチナ情勢】イスラエルの抑圧はさらに酷くなる！　今後の100年〝ガザプラン〟（原口一博×石田和靖対談）
黒い五月。フランスとイギリスがパレスチナを国家承認すると言い出した。G7もアメリカ離れ。ところが日本はアメリカのポチのまま。

●2024年6月8日
【中東情勢】ライシ大統領の墜落事故はイラン国内の秘密工作が行われた可能性もある（宇

山卓栄×石田和靖対談）

①イスラエルとアメリカ（電磁波パルス攻撃など）②国内の権力闘争（強硬派・親米派、融和派）③ロシアと密接な関係を持ち、イランのBRICS加盟、中国との連携でサウジアラビアとイランの国交正常化を成し遂げ、政権とイスラム革命防衛隊を繋ぐ連絡役を担っていたホセイン・アミル・アブドラヒアン外相が狙われた。3つの可能性がある。

なぜ、イランはすぐに事故死で片付けたのか？

●2024年6月9日
【中東情勢】サウジも核武装へ…アメリカはこれを許すのか?!　そしてイスラエルは?!

（宇山卓栄×石田和靖対談）

●2024年6月12日
【中東情勢】イランライシ大統領を乗せたヘリ墜落は急接近する2カ国の分断工作だったかもしれない（アリベイ×石田和靖対談）

アゼルバイジャンとイラン。

イスラエルはヒズボラとの戦争へ

●2024年6月25日
【第三次世界大戦】イスラエルとヒズボラ全面戦争突入か?!　ネタニヤフ首相〝焦点をレバノンに移す〟
「イスラエルとヒズボラが全面戦争に備える中、レバノンの非エスカレーションは実現せず」（アラブニュース）
「ガザでの戦闘が間もなく終わりえ戦争の焦点を（南）レバノンに移す」（ネタニヤフ首相）

●2024年7月2日
【第三次世界大戦】イスラエルとヒズボラ全面戦争突入?!　ヒズボラの計画は2つの戦略
「ヒズボラの計画イスラエルの脅威―どちらが戦争の準備ができているか」（アルジャ

ジーラ）

ヒズボラは対イスラエルで2つの戦略を考えている。一つはレバノン南部で長期的な戦争を起こしていくというパターンで、もう一つがレバノン南部だけではなくてレバノン全域にイスラエルが攻撃をしてくるというパターン。恐らくは後者になる。後者は他国も巻き込む。

●2024年7月4日

【緊急ライブ】NATO、イスラエル，ヒズボラ…対立のエスカレーションが招く原油高騰（ちょいワル先生の為替ライブ）

ロシアの動きは？　エゼキエル戦争の予感。ホルムズ海峡封鎖はイランにとって最強の切り札。ちらつかせるだけで切らないのでは？　日本のアメリカ追従外交はまずいのでは？

●2024年7月11日

【緊急ライブ】激動の中東情勢大　イラン、サウジ、カタール、UAE帰国報告（宇山卓

栄×石田和靖対談）

【イラン】Ｇ７がロシアの対外資産をウクライナ支援に使うと言ったのに対しても、サウジアラビアが、そんなことをすればヨーロッパの債権を売ると発言した。イランではみんなが、ライシ大統領は殺されたと言っていた。女性はヒジャブを被ってはいるが、男女が手を繋いで歩き、女性にも選挙権があった。親日度が非常に高い。

【サウジアラビア】格差が大きい。言論に関してはかなり自由。

●2024年7月12日
【緊急ライブ】サウジがG7に警告、ロシア凍結資産押収なら欧州債売却と脅し

ロシアの対外資産を差し押さえ、ウクライナ支援に使うというＧ７の発言に、サウジアラビアが「そんなことをしたら、欧州の債権を売る」と答えたため、「ロシアの対外資産の利子」を使うことになった。バイデン政権は同盟国なのに、サウジアラビアを攻撃すると言ってみたり、原油を増産するように圧力をかけ、結局減産となってしまったり、見当ハズレの行動ばかり。

●2024年7月30日
【緊急ライブ】イスラエル全面戦争

ネタニヤフは「ハマスとの戦争はもうすぐ終了するが、次はヒズボラだ」と言っている。パレスチナ自治区で対立しているイスラム組織ハマスと自治政府主流派のファタハが、中国の仲介で北京で協議し、ガザ地区で続くイスラエルとの戦争の終結後、占領下のヨルダン川西岸とガザ地区に暫定的な「国民和解政府」を樹立することで同意した。

●2024年8月2日
【緊急ライブ】ハマス最高指導者暗殺―イスラエル×ヒズボラ全面戦争へ（マックス×石田和靖対談）

7月31日、最高幹部イスマイル・ハニヤ政治局長（62）がイランの首都テヘランで、イスラエルによる攻撃で殺害された。これはSNSの中にスパイウエアを仕込んで、GPSで位置を把握していた。

ゴラン高原のサッカー場でロケット攻撃があり、子どもたちが10人死んだのは、イスラエルは、ヒズボラの仕業と言っているが、自作自演か迎撃ミサイルの誤爆の可能性が大き

い。航空会社はもうイスラエルには飛ばなくなっている。「イスラエルは負ける。なくなる」（マックス）

●2024年8月5日
【ドル円の動向】徹底抗戦のイスラエル・ヒズボラ・イランそして強烈な円高は…（ちょいワル先生の為替LIVE）

●2024年8月7日
【緊急ライブ】ロシア×イラン緊急会談VSイスラエルとの全面戦争は始まるのか?!（ニキータ×石田和靖対談）

ニキータ氏はモスクワ在住27年のユーチューバー。経済制裁後、ロシアは景気がいい。ロシア前国防相のセルゲイ・ショイグ国家安全保障会議書紀が5日、イラン・テヘランに到着し、イラン新大統領と会談。経済協力の話が中心。情報戦が行われている。
「岸田首相は、いまだにG7が世界をリードしていると思っているのか？」（ニキータ）
「外務大臣を本当にやっていたのか？」（石田和靖）

「岸田さんはバイデンに脅されているのではないか？」（ニキータ）

この日開かれるイスラム協力機構の緊急首脳会談はイランが呼びかけてサウジアラビアが招集した。昨年11月の会談では、イスラエルを支援する国への禁油が検討された。それなのに、日本政府には危機感がない。ドイツと同じように、アメリカの石油を10倍以上で買わされる可能性がある。日本とロシアの関係復活は難しい。

サウジアラビアとロシアはサウジのほうから近づき、サウジアラビアはロシアと組んでいるのをアピールしている。イスラエルが原油のほとんどを輸入しているアゼルバイジャンがキー。親イスラエルにひっくり返るとすれば、アルメニア。

「日本は特に報道がひどい」（ニキータ）

●2024年8月8日

【緊急ライブ】イスラム協力機構緊急外相会談開催！　イランの報復はあるのか？　日本の石油は止まる？

「ハマス指導者殺害はより広範な紛争を招く恐れがあるとＯＩＣ（イスラム協力機構）の議長が警告をした」（アラブニュース）

報復したいと言うイランに自制を促した国が多かった。

「なぜアゼルバイジャンはブリックスに入りたいのか」（トラン通信）

7月3日にカザフスタンのアスタナで開催された上海協力機構の首脳会談で、アゼルバイジャンと中国の戦略的パートナーシップというのが共同宣言が採択された。この宣言には、アゼルバイジャンがブリックスへの加盟を希望し、それを中国がバックアップしていくことが書かれている。日本とアゼルバイジャンとは距離ができつつある。イスラエルとも離れつつあり、イスラエルは石油が厳しくなる可能性がある。

●2024年8月9日

【緊急ライブ】中東情勢 ―イスラム協力機構57カ国はイスラエルへの石油供給ストップに動く?!

「イスラム協力機構がハマス指導者ハニヤ氏の殺害についてイスラエルに全責任があると主張している」（アルジャジーラ）

「パキスタン はイスラム協力機構会議でイランを支持し、イスラエルの石油取引ボイコットを要求した」（イランパブリックニュースエージェンシー）

イランは国際社会の仲間入りをしたことを自覚し、簡単には報復しない。

●2024年8月10日

【中東情勢】イランのハメネイ師によるイスラエルへの「処罰」命令は実行される：IRGC

「イランのハメネイ師によるイスラエルへの『処罰』命令は実行される」（アルジャジーラ）

イランは国際社会との足並みを揃えている。軍事以外の方法を採るのではないか？　実はこの戦争を止めようとしているのはイランなのではないか？　記事には「可能な限り最善な方法で」と書かれている。新しいハマスの政治局長にヤヒヤ・シンワル氏。

●2024年8月11日

【中東情勢】イスラエルの対イラン全面戦争への道のりを時系列に解説します

「極度の緊張。火薬庫のようなイスラエルの港が砲撃に備える」（ｙａｈｏｏ！　ｎｅｗｓ　ＵＫ）――ヒズボラは原油ターミナルのあるハイファを攻撃する可能性がある。「血の報復」から「最善のやり方で報復をする」にＩＲＧＣの発言が変わる。

●2024年8月15日
【中東情勢】イスラエル対イランは石油戦争に突入する?!

「ハメネイ氏はイスラエルとの緊張の中で『イランが譲歩すれば神の怒りが降りかかる』と警告をしている」（イラン・インターナショナル）
イランは時を待っているというのは、イスラエルの内部崩壊を待っているのか。
「イスラエルはイランの燃料販売収入を阻止する」（アゼルバイジャン・インターナショナル）

●2024年8月16日
【中東情勢】これはイランに対する西側諸国の新たな戦争か?

ジョン・メナドウ「今回の戦争の主人公、準主人公はアメリカ。歴史は繰り返すか？」
「イラク戦争は米国の生産能力原油生産能力を維持する目的で、イラクの油を確保するために進行した。イラク戦争はアメリカの石油会社と共同で計画されたものだ。アメリカは単に行動する口実が必要だった」（チェイニー副大統領）

●2024年8月18日
【拡大BRICS】プーチン大統領8月18日～19日アゼルバイジャン公式訪問、議題の中に戦略的パートナーシップ

●2024年8月26日
【ドル円の動向】ヒズボラ全面戦争と真夏の激震円高　（ちょいワル先生の為替LIVE）

●2024年9月4日
【拡大BRICS】NATO加盟国のトルコはいよいよ公式にBRICS加盟申請を発表！　NATOは終了

●2024年9月5日
【ニコニコ全編ライブ配信】イスラエル全土でゼネストと大規模退陣要求！　第6次ネタニヤフ内閣崩壊カウントダウン（ショコヒファード×石田和靖対談）

●2024年9月6日

【中東情勢】フィラデルフィ廻廊を巡りイスラエル分裂！　ネタニヤフvsガンツ

「イスラエルの最優先事項はフィラデルフィアではなく人質であるべきだとベニー・ガンツが語っている」（タイムズオブイスラエル）——ガラント国防相、ガンツ前国防相は人質優先の見地からフィラデルフィ回廊からの撤退を強く発言。ガンツはもともとはネタニヤフの片腕だったが、２０２０年に独自でアメリカと交渉し、ネタニヤフとの間に亀裂ができた。現在は批判を続けており、９月の解散総選挙を主張している。

●2024年9月8日

【イスラエル】なぜネタニヤフはそこまでガザ・フィラデルフィ回廊にこだわるのか?!

ガザとエジプトを行き来する迷路のような武器密輸と情報収集のための地下トンネルがある。ネタニヤフはハマスが隠れているこのトンネルに怯えている。

●2024年9月10日

【緊急ライブ】イランの報復と米大統領選そして崖っぷち日本（宇山卓栄×石田和靖対談）
「ハメネイ氏とライシ大統領の権力争いの結果、ライシ大統領は殺された可能性もある。イランの報復は、アメリカの選挙結果を見てから行われる」（宇山卓栄）

●2024年9月11日
【中東危機】〝イランの報復とイラン大統領選の裏側〟ネタニヤフの崩壊は刻々と迫る（宇山卓栄×石田和靖対談）

●2024年9月13日
【中東情勢】停戦はないエスカレーションのイスラエル！　戦争継続 or 刑務所のネタニヤフ（宇山卓栄×石田和靖対談）

●2024年9月24日
【中東危機】イスラエル×ヒズボラ全面戦争突入！　もう誰も止められないネタニヤフ政権（マックス×石田和靖対談）

「イスラエルの戦争内閣がヒズボラに対する攻撃戦争を承認した」（ゼロヘッジ）

●2024年9月26日
【ニコニコ全編ライブ配信】〝中東とアメリカの終焉〟日本はどうする?!

２０２０年のアメリカ大統領選挙のときに、「バイデンが大統領になると、オバマの頃の中東に戻る」とアラブの人々が予測した通り、バイデン政権になり、中東は火の海になった。また、日本の報道は拝米報道ばかりで、事実を伝えていない。「中東はテロ」のような悪いイメージは偏った日本のマスコミが原因。中東世界はアメリカからも日本からも離れていく。日本の石油はどうするのか？

●2024年9月29日
【緊急ライブ】イスラエルはヒズボラ最高指導者ハッサン・ナスララを殺害

イランは、アメリカの大統領選挙の動きを見て、行動を決めようとしている。イスラエルは、その裏をかき、大統領選挙前にイランを動かそうと、ハッサン・ナスララを殺害したのではないか？　ハマスの最高幹部イスマイル・ハニヤ政治局長、ハッサン・ナスララ、次は、アブドルマリク・フーシ。そして、イランではないか？　イランとイスラエルが戦争をすれば、世界的な戦争になる。イスラエルは世界から孤立しながら、それを狙っているのではないか？

●2024年9月30日
【ドル円の動向】ヒズボラ最高指導者ナスララ殺害でリスクマネー動く（ちょいワル先生の為替LIVE）

通信機器に関する不審感でヒズボラは大混乱。どちらがテロリストなのか？

●2024年10月2日
【緊急ライブ】イランがイスラエルに弾道ミサイル攻撃180発超

「イランのイスラエルへのミサイル攻撃に世界が反応している」（アルジャジーラ）
各国の反応を見ると、西側諸国のダブルスタンダードが目立つ。
日本の報道もイスラエルサポートだったのが、「イスラエルはやばい」みたいな報道に変わりつつある。最近テレビ東京が流したのが「暗殺国家・イスラエル」。日本のマスコミ報道も少しずつ色合いが変わりつつあるという状況。

●2024年10月3日
【ニコニコ全編ライブ配信】イスラエルは全面戦争へ…ヒズボラ、イラン、BRICS、そして日本は

「イスラエルのレバノン戦争が前例のない難民危機を引き起こす」（アルジャジーラ）犠牲になるのは一般市民。日本のマスコミはネタニヤフとバックの3人のことを報じない。

●2024年10月5日
【緊急ライブ】石油ショック来る?!　イスラエルとイランはお互いの石油施設を狙っている（ちょいワル先生の為替LIVE）

ガザは焼け野原だが、ハマスは殲滅できない。ネタニヤフ政権は何もできてない。イスラエル国民の世論。そのため、別の戦果を求めに行ったのがレバノン。ハスララを殺害、イランがミサイルで報復した。次はお互いに石油施設を狙っていると発言。もしもお互い

が石油施設を攻撃し合うと、石油価格は大きく上げる。

●2024年10月7日
【ドルと石油】イスラエルのガザ侵攻から1年、ドル円と原油と中東情勢（ちょいワル先生の為替LIVE）

ネタニヤフは2021年4月5日から、汚職疑惑をめぐって裁判中であったが、2023年10月7日のハマスのテロにより、戦時内閣となり、裁判は中断中。もちろん、政権交代もできない。仮に、イスラエルが戦争をやめてしまえば、ネタニヤフの裁判は再開され、彼は有罪になる可能性が高い。そのため、ネタニヤフは戦争を止めることができないのだ。

●2024年10月8日
【中東危機】シオニスト政権イスラエルは次にトルコを攻撃する?! 第三次世界大戦の足音（原口一博×石田和靖対談）

イランの超音速ミサイルを中心としたイスラエルの軍事拠点への攻撃は180発と言われているが、実際は300から500発だった模様。イスラエルはアイアンドームですべて撃墜したと言っているが、撃ち落としたものもあった様子。実際はエルドアン大統領は、イスラエルの次の標的はトルコだと言っている。トルコは強い上にＥＵ加盟国だ。もし、トルコがイスラエルに攻撃された場合、他のＥＵ諸国はトルコを守るのか？　究極のダブルスタンダードの可能性がある。

ネタニヤフは、バイデン政権では自分たちをストップさせることができないから、アメリカ総選挙の前にできるだけやろうとしている。ネタニヤフはプーチンに電話をしたが、プーチンは電話に出なかった。プーチンの協力を仰ごうとしたのかもしれないが、イランとロシアは軍事協定を結んでいる。

日本の石破政権は何のメッセージも出さない。

●２０２４年１０月９日
【日本の危機】露骨すぎる〝米欧のＷスタンダード〟とそこに隷属する〝日本＆ウクライナ〟（アリベイ×石田和靖対談）

ロシアに対して制裁を加えている西側諸国は、なぜ、アゼルバイジャンの領土で軍事活動をしてきたアルメリアに対して何もしないのか？　それどころか、アゼルバイジャンに制裁をしているのは理解できない。アゼルバイジャンもトルコも、国際法や国連に見切りをつけたからBRICSに加盟申請をしたのではないか？

なぜイスラエルには制裁をしないのか？　ダブルスタンダードの酷さ。イランとイスラエルが戦争になると日本も他人事ではない。

●2024年10月8日

【ニコニコ全編ライブ配信】3つの戦争の不気味な共通点、パレスチナ、ウクライナ、ナゴルノカラバフ（アリベイ×石田和靖対談）

「イランへの報復で『重要な決定が下された』。イスラエル国防相『攻撃は致命的でおどくべきものになる』」（スマートニュース）

もしも核施設が攻撃されると大変なことになる。中東で大戦争が起こると一般市民がたくさん亡くなることになる。儲かるのは戦争屋、製薬会社、金融機関。ダブルスタンダード。戦争を続けることで利益が出る人々がいる。トランプが選挙で勝てば、ディールにより、戦争を終わらせることができるかもしれない。世の中のほとんどの戦争は、アメリカや西側諸国により計画されていた。

第6章
「これからの世界」を生き抜く

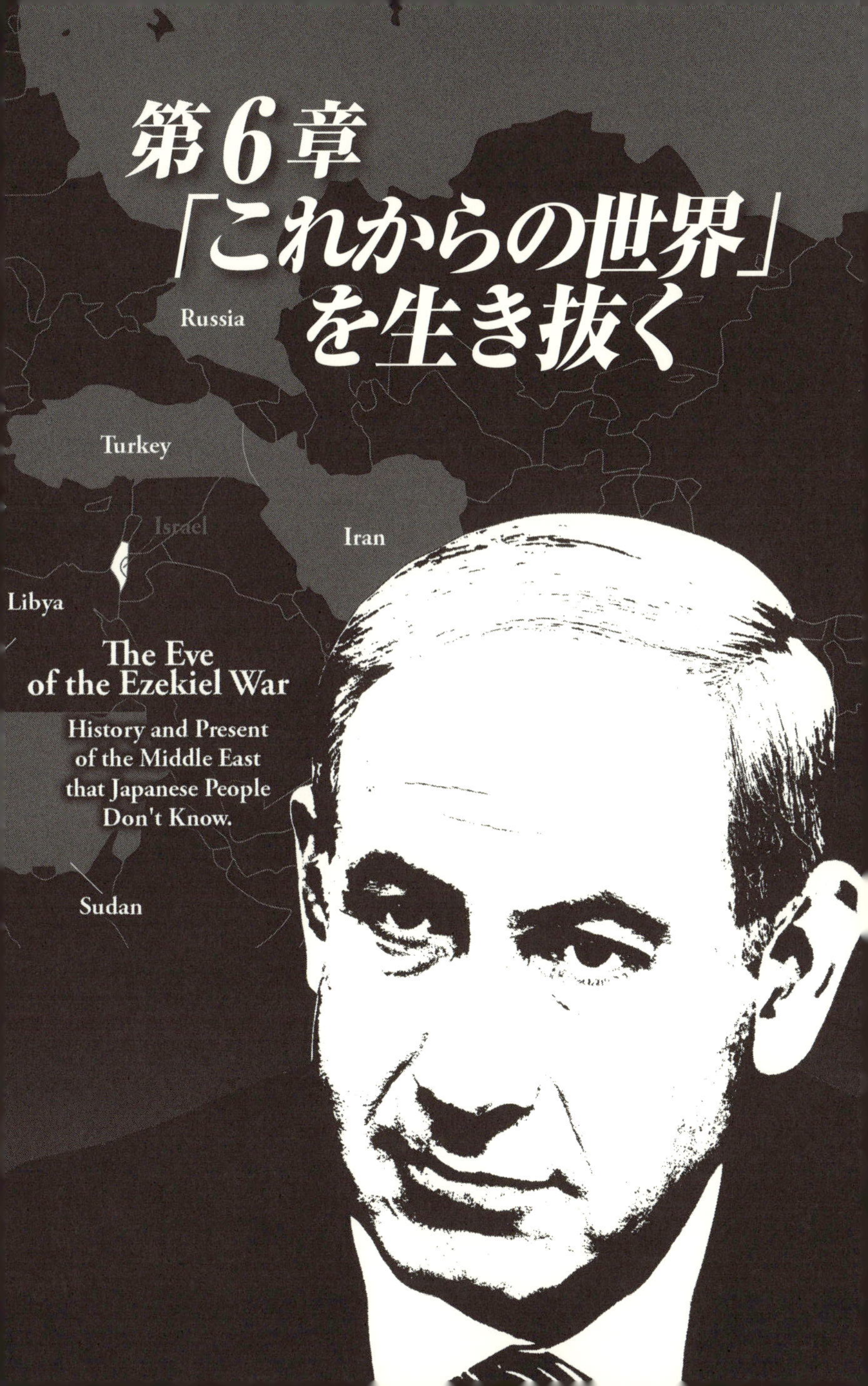

暗礁に乗り上げた休戦交渉

第4章と第5章において、2023年10月7日前後のイスラエルとパレスチナの衝突を中心に時系列で流れを読んでいただきました。すでにイスラエル軍によるガザ地区侵攻というよりも、「ガザ虐殺」とも言える状況ですが、この原稿を書いている9月初旬時点でも状況は日々刻々と動いています。この1カ月だけでも、イスラエルとパレスチナ（特にヒズボラ）の報復の連鎖は止《とど》まるところを知りません。

○7月30日・レバノンの首都ベイルートがイスラエル軍の空爆を受ける。親イラン武装組織ヒズボラの最高司令官シュクル氏が殺害される。

○8月2日・ヒズボラ、イスラエル北部へのロケット弾砲撃を再開。

○8月3日・イラン革命防衛隊（ＩＲＧＣ）が報復を強調。「イスラエルは、適切な時と場所、質で、厳しい罰を受ける」と声明。

○8月25日・イスラエル、１００機以上の戦闘機でレバノン南部の標的を専制攻撃。

○8月25日・ヒズボラ、３２０発以上のロケット弾とドローンでイスラエルに報復攻撃。

この戦争は、もはや外交的な努力では止めるのが難しいのでしょう。おそらく世界の多くの国々がそういう判断をしていると思います。唯一戦争を止められるのが、アメリカです。しかし、バイデン政権はレームダック化（役立たず）しており、中東各国も次期政権の動向を注視しています。ブリンケン国務長官の発言に対しても、イスラエルとパレスチナに対するダブルスタンダード（二重基準）であることに中東各国のメディアからも批判が巻き起こっています。いったい誰が、この戦争を止めることができるのでしょうか。

8月半ばには、ガザ地区休戦交渉が山場を迎えていました。カタールのドーハでの交渉に出席するのは、仲裁国アメリカのバーンズＣＩＡ（中央情報局）長官や、カタールのムハンマド・ビン・アブドルラフマン・アール・サーニ首相、エジプトのアッバス・カメル情報長官、イスラエル諜報機関モサドのバルニア局長などです。ハマスは出席しませんでしたが、ドーハを拠点とするハマスの関係者を通じて交渉には応じていたようです。

交渉はバイデン大統領が提案した3段階休戦案を土台としており、第1段階はイスラエル軍がガザ地区の人口密集地域から撤収すること。6週間の停戦に入り、ハマスの女性や高齢者などの一部のイスラエル人質と、イスラエルのパレスチナ収監者を交換すること。第2段階はイスラエル軍がガザ地区全体から撤収し、残りのすべての人質と収監者を同時に解放。第3段階はガザ地区の再建をスタートさせるというものです。

この休戦案は国連の支持を受けていましたが、イスラエルとハマスの隔たりは大きく、イスラエルはガザ地区南部に避難した住民の中にハマスの隊員がいるという懸念から、北部地域に戻る際に検問することを条件に求めました。しかし、戦闘服を来ていない隊員をいったいどうやって住民と区別するのでしょうか。

また、イスラエル軍がガザ地区南部とエジプト北部の国境緩衝地帯にあるフィラデルフィ回廊に駐屯すると主張し、交渉が難航しました。地下に迷路のように入り組んだトンネル通路が建設されていて、エジプトからガザ地区に武器などが持ち込まれているのです。ネタニヤフ首相が「フィラデルフィ回廊を通じてハマスが再武装すれば、ガザに未来はない」と言えば、ハマスは「軍駐留を主張して交渉を妨害しようとしている」と譲らず、暗礁に乗り上げていたのです。

8月31日には、ガザ地区南部の地下トンネルでアメリカ国籍の男性を含む人質6人の遺体が発見されたとイスラエル軍が発表しました。イスラエル保健省は、「6人は至近距離から銃撃され殺害された」と検視結果を公表しました。ネタニヤフ首相はハマスに対し強力な報復措置を取ると述べ、バイデン大統領はハマスに「犯罪の代償を払わせる」と宣言しました。これに対し、ハマスが人質はイスラエル軍の攻撃で死亡したとし、6人の殺害を否定したのです。真相はまったく藪の中です。

それに対して、9月1日には、イスラエルの商都テルアビブで、ガザ地区に残る人質を帰国させる取引を実現させるよう、政府に求めた30万人規模の抗議デモがありました。他の地域40カ所でも約20万人ものイスラエル国民が抗議活動を起こしたのです。また、イスラエルの労働組合は、政府にハマスとの人質解放に関する合意を実現するよう圧力をかけました。ゼネストを行うよう呼びかけ、主要空港が一時閉鎖されました。つまり、多くのイスラエル国民は、ネタニヤフ首相に停戦交渉で妥協するように求めているのです。

ここからも、第6次ネタニヤフ政権の極右勢力のハマスやヒズボラとの戦争を継続させようとする意思が、いかに国民から離反しているかがわかると思います。簡単に言うと、ネタニヤフ氏は戦争が終わると、汚職で収監される可能性があるので、戦争を止められないのです。だから、アメリカの政治的エリートたちを動かし、ハマスに無理な条件を押しつけ、交渉を長引かせてきたのです。

国連などを通じて、世界の多くの国々が停戦に向けた協議を続けても、イスラエルの意を汲んだアメリカが国連の安全保障理事会で拒否権を発動したり、ハマスが受け入れがたい条件を提示したりして停戦合意には至らないといったことが今後も続くのでしょう。

一方、ハマスの新しい指導者シンワル氏は奇襲攻撃を立案した強硬派であり、イランはハニヤ氏暗殺に対する「血の報復」を宣言していました。ハマスのハニヤ氏が7月31日に殺害されたことを受けて、イスラム協力機構（ＯＩＣ）がサウジアラビアのジェッダで、8月7日外相級の緊急会合を開催しました。イスラム協力機構は、中東やアフリカ、アジアなどのイスラム圏の57カ国・地域が加盟する組織です。

イランは「自衛権を行使する以外に選択肢はなく、さらなる主権侵害を防ぐための行動は適切な方法で行われるだろう」と述べて、イスラエルに報復することへの理解を求めました。中東のメディアによると、各国からはイスラエルへの非難とともに、紛争が地域に拡大することを懸念する声も聞かれました。結局、イスラム協力機構の緊急会合が開かれ話し合いがなされたことで、その後、イラン革命防衛隊の発表は「最善の方法で報復」とトーンを和らげてきたのです。「血の報復」という言葉が、「最善の方法での報復」という言葉に変わったことで、軍事力での大規模な攻撃はないかもしれないとの予感が、私にはありました。つまり、軍事的な攻撃で血を流すのではなく、石油を止めることになるのではないかと考えたのです。

イランは国内の強硬派の怒りを抑えるために最小限の攻撃は行うものの、大規模な攻撃は行わないのではないでしょうか。もちろん、ヒズボラはレバノン南部やゴラン高原において、イスラエルと散発的に衝突することはあるでしょう。しかし、長期戦になると、ヒズボラは不利です。さらに、報復の応酬で戦争が拡大していくことを、イランを含めたイスラム各国はそもそも望んでいないのです。

イランはイスラエルへの報復を示唆しながら、時を待っているのかもしれません。イスラエル国内のデモが拡大し、ネタニヤフ政権が崩壊するかもしれないからです。イスラエル国民によるデモやクーデターにより、ネタニヤフ首相が退陣に追い込まれることを待っているとも思えるのです。イスラエルにおいて人質の死が明るみになるにつれて、ネタニヤフ政権への批判に結びつく可能性が高まっています。イランは挑発されて自ら引っ張り出されて戦争に参加するよりも、時間が経てば、いずれイスラエルの極右政権は内部崩壊し、自滅すると考えている可能性があります。

イスラエル軍のメディアは、イランからのいかなる直接的な攻撃も、イラン領土へのイスラエルの攻撃を引き起こすと警告しています。つまり、イスラエル側に犠牲者が出なくても、それは報復する意向であるということです。イスラエルはアメリカを引き込んで、イランと大規模な戦争を引き起こしたいのです。

イスラエル対イランは石油戦争に突入する

イスラエルは用意周到にヒズボラへの攻撃を準備し、9月の中旬から実行に移しました。

○9月17日・レバノンの各地で「ポケットベル」タイプの通信機器約3000台が爆発。12人が死亡し、2750人以上がケガ。ヒズボラはモサドが事前に通信機器内に爆発物を仕掛けたと非難し報復を示唆。また、イラン外相は「イスラエルのテロ行為だ」と声明を発表。

○9月27日・イスラエル軍がレバノンの首都ベイルート南部を空爆。ヒズボラの最高指導者ナスララ師など幹部20人以上を殺害。地下施設を攻撃する「バンカーバスター」など80発もの爆弾が使用された模様。
○９月28日・イエメンからイスラエル最大の商業都市テルアビブに向けてミサイルが発射される。イスラエル軍はこれらを迎撃したと発表。
○９月29日・イスラエル軍がイエメンのフーシ派の軍事関連施設を空爆。
○９月30日・イスラエル軍がベイルートの街の中心部を攻撃。
○10月１日・イスラエル軍がレバノン南部でヒズボラの施設に対し、地上作戦を始めたと発表。
○10月１日・イランは弾道ミサイル１８０発をイスラエルに向けて発射。大半は迎撃されたが、一部は着弾。落下した破片でイスラエル人２人が負傷、ヨルダン川西岸でパレスチナ人１人が死亡。極超音速ミサイルも初めて使用された。イランの革命防衛隊は、イスラエルが報復すれば反撃すると警告。

原稿執筆時点では、イスラエルは報復として、イランの石油施設などへの攻撃を示唆しています。いずれにせよ、全面的な戦争に発展しないように、国際社会やアメリカが双方の沈静化に努めていくでしょうし、またそうならないように祈るしかありません。今後は、水面下で行われている「サイレント・ウォー（静かなる戦争）」が長く続くと思われます。イスラエルの諜報機関モサドによってパレスチナやイランの要人が暗殺されたり、イランがミサイルで報復したりといったことが繰り返されていくでしょう。しかしそれは、大きな戦争に発展しないようなかたちで、イランの国内向けにアピールするようなかたちで済まされると思うのです。

それよりも、水面下で進むのは、石油をめぐる経済戦争でしょう。イスラム諸国のサイレント・ウォーの中心的な戦略が石油だからです。パキスタンが提案したのは、イスラエルに対しての原油の禁輸です。中東のメディアによると、イスラム協力機構57カ国が共同で、イランとパレスチナへの強い連帯感を宣言し、イスラエルのシオニスト政権に対して石油と貿易のボイコットを進めていく方向にあると言うのです。多くのイスラム諸国がイランの軍事的な報復は支持せず、自制を呼びかけながら、一方でイスラエルに対して、共同で強い非難声明を発表し、経済制裁を進めるのでしょう。

また、イランをはじめ中東諸国は中国と連携するかたちで、経済面での開発を優先させるでしょう。今後、イスラエルに対して国際的な非難が高まり、中東諸国はパレスチナ問題を穏便に解決させる方向で話が進められるのではないかとも思うのです。

イランは、いまイスラム諸国やBRICSとともに、国際社会と足並みを揃えています。イスラエルとイランが全面戦争に発展すれば、イランはホルムズ海峡を封鎖するでしょう。そうすると、湾岸産油国と日本をはじめとした輸入国にも多大な損害を与えてしまいます。国際的な協調路線を進めたいイランとしては、こうした事態は避けたいはずです。

そこで、イランはトルコやアゼルバイジャンと協力して、イスラエルへの石油輸出を止めようとするのではないでしょうか。トルコはすでに2024年5月時点でイスラエルとの全品目の輸出入を停止しています。第2章でBTCパイプラインについては説明しました。今後、トルコを経由したアゼルバイジャン産石油のイスラエルへの輸出がストップするかもしれません。

イスラエルは、北部のハイファ、中部地域のアシュケロン、南部のエイラートという3カ所の石油調達ターミナルを持っています。現在、北部のハイファはレバノンのヒズボラとの衝突で、ほぼ機能が停止していますし、南部のエイラートは規模が小さいので、実質的にはアシュケロンの石油ターミナルに約85％が集中していると言われています。

ヒズボラはイスラエルと交戦状態ですから、当然アシュケロンを軍事的に攻撃する可能性があります。軍事的な報復を思い止まったとしても、何らかの形でイスラエルへの石油を封鎖するというシナリオが、中東のメディアでは囁《ささや》かれています。

イスラエルはエネルギー安全保障上、さまざまな国から石油調達をして分散しています。イスラエルメディアによると、逆にイスラエルは、イランの燃料販売、石油収入を阻止することを狙っています。イラン産原油を輸送するタンカーに対して制裁しようとしています。これはイラン経済の重要な部分を占める石油収入を減らすことが目的です。シリア経由の販売収入が、ハマスやヒズボラ、イエメンのフーシ派などの支援グループに流れており、イスラエルは、これらのグループが地域の安全保障を脅かすテロ組織だと見なしているのです。

具体的には、イスラエルが指定している18隻のオイルタンカー（イスラエルはイスラム革命防衛隊が使用しているタンカーと主張）に対して、制裁することを示唆しています。つまり、船舶を拿捕する可能性を示しており、これによりテロ資金供与対策の一歩となるだろうと言うのです。イスラエルは欧米の国際パートナーと協力して、海運会社にイランのタンカーにサービスを提供しないように説得する用意があることを表明しています。

石油に関しても、双方で報復の応酬が続くのかもしれませんが、いずれにせよ、イランは時間稼ぎをすればするほど、有利に展開すると考えているのではないでしょうか。

イランに対する西側諸国の新たな戦争

ユダヤ教の原理主義者がイスラエルのトップにいる限り、イランは刺激され続け、両国の強烈な対立が終息する兆しはなかなか見えてきません。イスラエルのバックにはアメリカが控え、さらに今後イギリスの姿も見え隠れしてくるのかもしれません。なぜなら、歴史的にイランの石油開発に関与してきたのは、イギリスだからです。その石油利権をほしいままにしたのが、ウィリアム・ノックス・ダーシー（1849年～1917年）です。ほぼ同時代に生きたアメリカのジョン・ロックフェラー（1839年～1937年）が石油王と称されたように、ダーシーはペルシャ（イラン）の石油開発を手がけ、石油メジャーの一角であるブリティッシュ・ペトロリアム（BP）に貢献した人物です。米英が戦略物資である石油を確保するために、中東地域でさまざまな画策をし、軍事的にも展開してきたことは歴史的な事実です。

ウィキペディアで検索すれば、ダーシーを偉人のように思うかもしれませんが、イランから見れば詐欺師のような人物です。このことを紹介したのが、オーストラリアのジョン・メナドゥー氏で、彼の「ジョン・メナドゥー政策ジャーナル」に掲載された興味深い社説を簡単に紹介します。「歴史は繰り返す」という趣旨で、イランで過去に行われたことが今日も行われようとしているという意味です。西側諸国の利益という形で、イランに対する新たな戦争が始まったという内容です。表向きはイスラエルの戦争ですが、その裏にはイランを含めた中東地域の石油利権への執着があると言うのです。つまり、イスラエルのネタニヤフ政権は一つの駒であり、この戦争の主人公はイギリスであり、準主人公的な存在がアメリカだと書かれています。

歴史を紐解くために、まずダーシーについて解説します。彼はイギリス系オーストラリア人の実業家でした。１９０８年、最初に中東で発見されたのはイランの油田で、その開発にあたったのがアングロ・ペルシャン石油会社（35年にアングロ・イラニアン石油会社と改称）で、パフレヴィー朝イランの皇帝や貴族を懐柔し、そこから上がる利益（配当金）

を独占する植民地会社でした。09年に、ダーシーは新設されたアングロ・ペルシャン石油会社の取締役（後に取締役会長）に任命され、この会社は後にブリティッシュ・ペトロリアム（BP）になります。

契約によって、ペルシャ（イラン）の国王は、現金2万ポンド（現在の価値で220万ポンド＝約4億2000万円）の前払い金を受け取ります。なおかつ、この石油採掘によって得られる将来の利益の16％を、ペルシャの国王に対して支払う契約が交わされました。ところが、これらの契約は一度も履行されることはなく、すべて踏み倒されることになるのです。16％の利益がイランに渡ることはなく、イギリスはイランの石油を掘り続けていくのです。これに対して、ペルシャ（イラン）もイギリスに対してクレームをつけたのですが、軍事力を盾にそれを黙らせてしまったのです。イギリス領インド艦隊は、石油パイプライン沿いと12年に開設されたアバター製油所に配置され、イギリス海軍の艦隊がペルシャを脅したわけです。

18年に第1次世界大戦が終わると、イギリスの三枚舌外交の嘘がばれ、アラブ世界とイギリスは禍根を残すことになりました。20年4月にイタリアのサンレモでサンレモ会議が開催され、英仏石油協定と言われる「サンレモ協定」が締結されます。第1次世界大戦後のイギリス、フランス、イタリア、日本、ギリシャ、ベルギーの各国が、ベルサイユ条約の実施と中東の石油と委任統治の問題を討議するための会議でした。

ベルサイユ条約によって、ドイツはすべての植民地を失い、多額の賠償金を科されることになります。その結果、後にドイツ国内でアドルフ・ヒトラーが頭角を現すことになります。では、そのドイツと同盟関係にあったオスマン帝国領のアラブ民族居住地域はどうなったのでしょうか。

国際連盟（当時）の委任統治領として、イギリスとフランスが分割管理することが決まりました。フランスは敗戦国ドイツに替わり、メソポタミア（現在のイラク）の石油利権を持つトルコ石油会社の株を25％取得するとともに、シリア経由の地中海向けパイプライン建設を認められます。中東におけるイギリスとフランスの勢力圏は明確となり、委任統治体制が確立していきます。

一方で、イギリスとフランスによる石油利権独占に対し、アメリカは門戸開放や参入機会の均等を訴え、強く反発します。結果的に両国は、この地におけるアメリカの参入を認めるようにもなっていきます。イギリスの三枚舌外交に加え、戦後処理を行ったサンレモ協定も中東社会に大きな影響を及ぼすことになるのです。

こうした状況の中で、他のアラブ諸国は独立、建国していきます。すでに紹介したように、アラビア半島では、サウード家がイギリスの後ろ盾を得て建国されたハーシム家を破り、アラビア半島の大部分を統一します。各民族、人民が自らの意思によって運命を決定する政治原理（民族自決）を尊重するアメリカの手助けを受け、その後、合弁会社サウジアラムコを創設することになります。アメリカがこの地に眠る石油目的で手を差し伸べたのは、言うまでもないでしょう。

サンレモ協定では、明確に石油利権について話し合われているわけですから、石油は新たなエネルギーとして列強から狙われる存在になっていたことは明白です。近代化によって国力を増大した西側諸国が、まだまだ未開の中東に進出し、資源を手中に収めたわけです。第１次世界大戦では、戦闘機や戦車などが台頭しました。そのためのエネルギーとして、石油は喉から手が出るほどほしい存在だったのです。石油が眠る場所や石油の供給ルートは列強から狙われ、争いの火種となりました。20世紀の戦争は、石油と切っても切れない関係になったのです。

「セブン・シスターズ」から「新セブン・シスターズ」へ

西側諸国が石油利権を独占していましたが、第2次世界大戦後の１９５０年にサウジアラビアで石油開発が始まると、アメリカのアラムコ石油会社はサウード家と利益を折半する契約を結びます。51年、イランでもアングロ・イラニアン石油会社の利権独占に対して民族主義的な要求が強まり、パフレヴィー朝のモサデク政権は石油国有化を断行します。アングロ・イラニアン石油会社の資産の接収を通告し、戒厳令を敷《し》いて、操業を停止させます。しかし、モサデクは独裁者として非難され、53年のイラン・クーデターによって逮捕され、失権します。その背後にはアメリカの諜報機関ＣＩＡの暗躍があったと言われています。パフレヴィー朝は１９２５年から79年のホメイニ師によるイラン革命まで続いたイラン最後の王朝ですが、イギリスやアメリカに石油利権を抑えられ、苦しめられてきた歴史があるのです。

20世紀になり、アメリカでも油田の発見が相次ぎ、テキサス燃料会社（後のテキサコ）、ガルフ石油会社といった企業が設立されます。アメリカやイギリスが有する国際石油企業が急速に成長していくなかで、中東の産油国はあくまで搾取される側として甘んじてきました。実際、20世紀初頭には、国際石油企業は7代メジャーズ（通称セブン・シスターズ）と呼ばれる企業が掌握し、そのメンバーは、エクソン、モービル、シェブロン、シェル、アングロ・ペルシャン、テキサコ、ガルフ（そのうち、エクソン、モービル、シェブロンはロックフェラーが創業）といった具合に、欧米が牛耳る状況でした。

近年では、かつてのセブン・シスターズに取って代わる存在として、「新セブン・シスターズ」と呼ばれる7社の国営企業が急成長しています。サウジアラムコ（サウジアラビア）、ペトロナス（マレーシア）、ペトロブラス（ブラジル）、ガスプロム（ロシア）、中国石油天然気集団公司（ペトロチャイナ、中国）、イラン国営石油会社（ＮＩＯＣ、イラン）、ベネズエラ国営石油会社（ベネズエラ）の7社は、ＢＲＩＣＳをはじめとしたグローバルサウスの国々で構成されています。

セブン・シスターズが民間石油資本だったのに対し、新セブン・シスターズは国営石油会社が中心となっている点が大きな違いです。１９６０年に設立されたＯＰＥＣ（石油輸出国機構＝イラン、イラク、クウェート、サウジアラビア、ベネズエラの5カ国）ができたとき、「搾取されるのではなく、自分たちで国有化し、産業として発展させていく」と中東諸国は誓いました。それから半世紀以上が過ぎ、石油に関してはその思いが実り、いまや辛酸を舐めさせられた米英に対抗できるまでに成長しているのです。

現在でも米英は、パレスチナへの人道支援を唱え、この地域の武装解除を主張していますす。しかし一方で、イスラエル軍にはせっせと兵器や弾薬を送っているのです。このダブルスタンダードには、中東諸国もその真意を見抜き、ほとほと呆れているはずです。欧米のメディアを情報源にする日本のジャーナリストや政治家は騙せるかもしれませんが、歴史的に何度も騙されてきた中東諸国の人々には不信感しかないでしょう。

アメリカの元国務長官ヘンリー・キッシンジャーは、「アラブ人は石油の番人に過ぎない」と言ったと伝えられていますが、これが彼らの本音ではないでしょうか。歴史的に西洋人は、中東をはじめ中南米、アフリカ、アジアの民族は未開で腐敗していると考えてきました。それが植民地支配につながりました。

16世紀の大航海時代以降、スペインとポルトガル、続いてオランダやイギリス、フランスの西洋諸国は南北アメリカのみならず、アジアやアフリカに進出し、これらの地域の多くを植民地として支配するようになりました。現代の人権感覚からすれば許されないようなかたちで、労働力として働かされたり、奴隷として売買されたりしました。

ラテンアメリカと呼ばれるメキシコ以南のアメリカ大陸の大半の地域は、19世紀初めにスペインとポルトガルから独立を果たしますが、アジアとアフリカの多くの地域は、20世紀前半の第１次世界大戦と第２次世界大戦の時期まで西洋諸国の植民地として支配されました。アジア、アフリカの多くの国々が独立するのは、第２次世界大戦後の１９５０年代から60年代のことです。

そして、現在でも旧植民地に対しては、色眼鏡で見たような報道がなされることがあります。中東や中南米、アフリカ、アジアの国々といえば、テロや紛争ばかりが伝えられ、危険な地域であるといったイメージを植え付けています。現場を知らずに「これからの世界」を論じるのは、判断を誤ることになりかねません。もっとグローバルサウスの国々を肌で感じて、実態を知ってほしいと思うのです。

国の大切な資源である石油が略奪され、そのうえいくら輸出しても、イラン国民は豊かにならずに、文化や暮らしは欧米化していきます。特にイスラム教シーア派への伝統文化や信仰心などは薄れていきました。イランの辿った歴史は、中東の石油が収奪されていく過程を如実に示しています。

イラク戦争の本当の狙いは何だったのか？

21世紀に入っても、イラクではこうした歴史は繰り返されました。

２００１年に「９・11」同時多発テロ事件が起こります。イスラム過激派のテロ組織アルカーイダによる旅客機が、ワールドトレードセンター（北棟と南棟）に激突し、爆発炎上、倒壊したのです。これ以降、アメリカはテロとの戦争を宣言し、アフガニスタンを攻撃します。タリバン政権を倒した当時のブッシュ大統領（息子のほう、ちなみに湾岸戦争時は父ブッシュ）は、さらに02年１月に一般教書演説でイラクとイラン、北朝鮮の３カ国を「悪の枢軸」と名指しし、世界平和に対する脅威と人権抑圧を続けているとして非難しました。たしかに、イラクのサダム・フセイン大統領（当時）は、湾岸戦争後に国内の反対勢力を厳しく弾圧し、独裁権力を強めていました。

そこに出てきたのが、イラクの大量破壊兵器の開発問題です。これを口実に02年7月、ブッシュ大統領は「イラクを排除しなければならない」と宣言し、核査察の拒否が国連決議違反に当たるという理由から、国連の場で盛んにイラクを糾弾しました。

フセイン大統領も渋々、査察の受け入れを表明し、03年1月の中間報告では、大量破壊兵器開発の確証は得られなかったのです。しかし、アメリカは疑惑を払拭できないとして、武力行使を決断し、イギリスは同調しました。ところが、フランスやロシア、中国は査察継続を主張して、国連安保理は意見が二分したのです。

それにもかかわらず、ブッシュ大統領はイラクにおける人権抑圧やテロ組織との関与を理由として先制攻撃論を掲げます。3月にフセイン大統領とその一族の国外退去を求め、それが実現しなければ、軍事行動を行うという最終通告をしました。イラクが応じなかったため、すぐさま空爆を開始しました。2カ月後の5月には、ブッシュ大統領が対イラク戦闘終結を宣言しました。

国際的な非難にもかかわらず、イラク攻撃に踏み切った理由は、公式には大量破壊兵器の隠匿《いんとく》が国連決議に違反することとされていました。ところが、その後、メディアの報道によって、イラク戦争開戦の根拠とされた大量破壊兵器の開発情報は、捏造《ねつぞう》だったことが明白になりました。イギリスの新聞『ガーディアン』が、情報をもたらした亡命イラク人の男性がフセイン政権を倒すためにでっち上げたことを認めたと伝えたのです。

大量破壊兵器は結局見つからず、市民を含む10万人以上が犠牲になったのです。大量破壊兵器の存在は証明されずに、アメリカ政府は証拠が破棄されていたことを正式に認め、アメリカ国民に謝罪します。しかし、イラク国民への謝罪はなかったのです。戦争を断行した背景には、政権内の新保守主義「ネオコン」と言われる勢力が台頭し、対外的に強硬姿勢を貫いたからだと言われています。

「だが、その本当の狙いは、アメリカがイラクでの石油資源の独占を狙ったものであり、フランスやロシアが反対したのは、フセイン政権と石油利権を通じて結びついていたからだ」という説もありました。つまり、アメリカ軍の特殊部隊は、原油生産能力を維持するために、イラクの油田確保を目的に侵攻したのでしょう。イラク戦争がアメリカの石油会社と共同で計画されたものだとも言われました。アメリカは石油目的で軍事行動をするための口実がほしかったのかもしれません。

ブッシュ大統領は、イラクのフセイン大統領が大量破壊兵器を隠し持っているとして、イラクを攻撃しました。大量破壊兵器がイスラム過激派の手に渡るのを防ぐというのが建前でした。日本の小泉純一郎首相(当時)もアメリカ軍のイラク侵攻直後に支持を表明し、自衛隊派遣の検討に入り、本格的な戦闘終了後の7月に「イラク特措法」を成立させ、04年1月に陸上自衛隊と航空自衛隊を「非戦闘地域」に限定した人道的復興支援を目的として派遣しました。

当時、国会では、小泉政権と野党の非戦闘地域の定義について論戦が交わされていました。政治家もジャーナリストも、権力（小泉政権）と反権力（野党）という単純な構図の中だけで論じていて、イラクと米英の石油利権にからむ構図については論点になりませんでした。権力と反権力という単純な対立の構図は、いまもメディアでもてはやされていま す。当時、多くのアメリカメディアも、ブッシュ政権のイラク攻撃を支持しており、戦争はメディア報道によって正当化されていくことを世界に見せつけました。

また、イスラエルのユダヤ教極右勢力にとっても、イラクはユーフラテス川のある地域であり、「グレーターイスラエル（大イスラエル）構想」には不可欠なエリアなのです。

時の政権とネオコンとメディアとが、どれほどの結びつきがあるのかは明白ではありませんが、石油だけではない因縁があるように思えてならないのです。

現在、中東では軍事的緊張が高まっていますが、西側諸国のメディアは、イラン政府の不誠実さや軍事的な脅威については報じていますが、石油利権について報道することはありません。

イスラエルとハマスの戦争では、およそ4万人のパレスチナ人がすでに死亡し、15万棟の家屋が爆撃され、さらにその数は数倍に上ると見られています。国際社会が民間人の殺害をやめるように求めているにもかかわらず、イスラエルのネタニヤフ政権は戦争を長引かせようと画策しているように見えます。イラク戦争と同じように、対イランへの圧力にしても、その裏には米英の姿が見え隠れしているのです。歴史は繰り返すのです。

「グローバリズム」と「反グローバリズム」

産業革命以降、人類は蒸気機関から石炭、石油へとエネルギーの源泉を変えてきました。

戦前の日本がエネルギー（石油）の確保が至上命題であったように、エネルギーは国の命運を握る存在だったのです。そのため、西洋先進国はあらゆる手段を使って、エネルギーの確保に力を注ぎ、時には弱い国を懐柔し、植民地化してきました。

第2次世界大戦後、アジアやアフリカの多くの植民地が独立を果たしますが、経済的には現在も先進国に実質的に支配されているように見えます。強い国と弱い国の関係は、一方的なルールや契約、不平等な条約を押しつけるかたちで成り立ってきました。かつては、主に北半球に位置する先進国は豊かで、南半球に位置する発展途上国は貧しいという経済的な格差の構図を「南北問題」と呼びました。最近では、南側の貧しい国々を総称して、「グローバルサウス」とも呼びますが、言葉は変わっても、その対立の構図は変わっていません。

「グローバル」という言葉には何か魅力的な響きがありますが、私は「グローバリズム」と「グローバル化」は分けて考えるべきだと思っています。

グローバリズムとは、自由貿易や市場主義経済を世界中に広げていく考え方であり、地球規模でお互いに依存関係を深めていくことです。地球全体を一つの共同体とみなし、世界の一体化を進める考え方であり、いわば思想のようなものです。一方、グローバル化とは、単に国境を越えてお金や労働力が移動したり、通信ができたりすることです。たとえば、私たちはスマートフォンによって世界中の誰とでもメッセージの交換ができたり、クレジットカード一つで海外のものを買うことができたりします。

私は、グローバル化は人々の暮らしを便利にするものであり、多くの人に受け入れられると思うのですが、グローバリズムは先進国やグローバル企業にとって、都合よく利用される可能性があると思っています。なぜなら、国は国益を追求し、企業は利潤を極大化しようとしますので、強い国やグローバル企業に都合のよいルールや契約で進められることが多いからです。各国の政治システムは国によって違いますが、たいてい「ヒエラルキー」というピラミッド型の階層・階級構造で運営されます。同じように企業や官僚機構もヒエラルキー構造をかたちづくります。

トップには権力が与えられます。政治であれ、企業経営であれ、トップには優れた判断能力と人格が求められます。ところが、そのトップである政治的エリートや経営者の判断が、時に利益追求のあまり脱線してしまうことがあるのです。人間はパーフェクトな存在ではないので、一人の人間にすべてを任せるのには危険が伴います。ゆえに、合議制や集団で判断していく方法もあります。

その判断が小さな単位であれば、リスクは小さいのですが、グローバリズムの中では地球規模の判断をすることになります。たとえば、コロナ禍におけるワクチンの接種や地球環境問題における二酸化炭素取引(国や企業が設定された排出枠を売買する制度)などは、各国の思惑が入り乱れています。ここでも、強い国と弱い国の関係は、双方納得のいくかたちでは解消されません。いったい誰が、どの企業が儲けているのでしょうか。

また、グローバリズムは自由貿易の名の元に、時にグローバル企業がその国の経済や文化、暮らしを席巻してしまうこともあります。地球規模で流通させることができる企業やマーケティング能力の高い企業の商品やサービスが、その国のものを駆逐《くちく》してしまうことがあるのです。いまやグローバル企業の収益は、小さな国の国家予算を超えています。お金のある企業のトップは、小さな国のトップよりも存在感があります。経済進出した国の政治や経済を動かすことがあるかもしれません。

どの国や民族にも、独自の文化伝統や宗教観があります。グローバリズムはそれらを薄めて、世界を同じ色に染めていこうとします。しかし、それぞれの国や民族の個性を尊重せず、ルール通りにすべてを同じにしてしまったらどうなるでしょうか。ルールが強制されてしまえば、その土地や場所にあったはずの個性的な文化はなくなってしまいます。

グローバリズムをすべて否定するつもりはありませんが、あまりにも行き過ぎた世界の統一化は、小さな単位の国や民族を飲み込んでしまうことになるのです。それゆえ、強い国やグローバル企業にストップをかける「反グローバリズム」の動きも必要になるはずです。

ここまで見てきたように、中東での戦争や南北問題は、人類にはまだまだ解決すべき課題が多いことを示唆しています。私たちは、政治機構や企業組織がどのような権力構造であり、誰がそれを動かしているのかを見極める判断能力を持つ必要があるのかもしれません。

トランプ氏は反グローバリズムの象徴

世界のリーダーの中で、好き嫌いは別にして、反グローバリズムの態度を鮮明にしているのが、アメリカのトランプ氏です。グローバリズムは人が自由に行き来できるようになるため、安い労働力を確保しやすくなります。そのため２０１６年の大統領選では、トランプ氏は雇用流出につながるグローバリズム批判を明確にしました。そうした不満が根強くあった中西部を中心に支持基盤を築き上げたほどでした。

グローバリズムは、社会の利権を持つ企業や一部の富裕層にとっては都合の良いものとなりますが、そうでない人たちにとっては、雇用機会の減少や自分たちのアイデンティティの消失につながってしまいます。トランプ氏の支持者は、自分たちが慣れ親しんだアメリカが急速に変わっていくことに対して、焦りや不安を抱いていたと指摘されています。

現在の民主党政権は、伝統的に「大きな政府」を志向する政党です。大きな政府とは、政府が経済活動に積極的に介入し、社会資本の整備や国民生活の安定化、所得格差の是正などをめざす考え方です。民主党政権は、政府の経済への介入を最小限に抑え、市場の自由競争を重視する「新自由主義」と呼ばれる経済政策を掲げてもいますが、根幹にあるのは大きな政府をめざすものです。

民主党の大きな政府の一方で、共和党は「小さな政府」をめざしていると言われます。これは政府の役割や規模を最小限に抑え、市場のメカニズムを重視することが特徴として挙げられます。政府支出が抑えられるため、国民の租税負担が軽くなるなどのメリットがある一方で、市場を優先するため所得格差が拡大しやすかったり、公共サービスの質が低下したりする可能性があります。端的に言えば、自己責任の度合いが増すというものです。

他方で、政府が経済活動や社会に積極的に介入する大きな政府を選んだ場合、グローバリズムとの親和性は高くなります。経済が国際化すれば、おのずと政府の役割は大きくなっていくからです。しかし過剰に介入すると、全体主義や強権主義へと陥ってしまいます。

民主党政権は、環境問題や人権問題に重きを置いていますが、時に他国に対して自分たちの正義を押しつけているようにも映ります。現在、地球規模で二酸化炭素排出量ゼロにする「脱炭素」が叫ばれていますが、その音頭をとっているのは、アメリカをはじめとする西側諸国です。二酸化炭素の排出量は、国の事情によって違うのに、強制的に世界のルールに従わなければいけないのです。環境問題に関しても、グローバリズムの風が吹いているのです。また、パレスチナで行われているアメリカとイスラエルの対応も、強制的なルールによって収束を図ろうとしています。

トランプ氏は、戦争においてもいたってシンプルな考えを持っています。中東やウクライナにアメリカが介入する必要はないというものです。どうして他国の戦争に対して、アメリカが人命とお金を投じなければいけないのかということです。2024年11月に行われるアメリカ大統領選挙は、グローバリズム対反グローバリズムの対決という構図でもあるのです。

グローバリズムは世界が一体化しているようで、魅力的な考え方に思えます。民主主義と自由貿易主義を唱えれば、絶対的な正義のようにも映ります。しかし、その正義は誰のための正義でしょうか。

為替を通じて、貿易取引が当り前のように行われ、大国（先進国）は自国の都合で関税障壁を設けたり、経済ブロックをつくったりします。しかし、小国（発展途上国）の国民は自由貿易主義のルールの中ではなかなか豊かになれません。

西アフリカのコートジボワールで、金《きん》の採掘に従事する子供たちは、安い人件費で働かされ、金はフランス企業に引き取られます。西アフリカ8カ国での通貨は、CFE（セーファー）フランが使用され、これはフランス植民地時代の名残で、現在はユーロにリンクしています。固定為替ゆえ、変動することはなく、安い賃金で働かされる構造はいつまでも変わらないのです。

また、タイで養殖されるエビやブラジルの鶏肉、チリのサーモンと、さまざまな食品が先進国の食卓に並びますが、生産国の貧しい人たちの口に入ることはありません。落ち目だとはいえ、日本も先進国の一員であり、食料自給率はカロリーベースで38％しかないものの、食品ロスは莫大です。この先進国に有利に働く構造は、なかなか解消しません。グローバリズムでは、先進国の都合でルールが決められ、発展段階にある国にとっては自国産業が守られない仕組みでもあるのです。

石油や天然ガスなどのエネルギーだけでなく、農産品から工業製品に至るまで、あらゆるものがグルーバリズムの中で取引されています。その取引の中心にある通貨がドルです。現在、基軸通貨として扱われていますが、これに対抗し、新興国を巻き込んで拡大しようとしているのがＢＲＩＣＳなのです。

すでに解説したように、１９７１年のドルと金の交換停止により、ドルは金などの有限なものとリンクしないで基軸通貨として世界に流通しています。つまり、アメリカは価値の裏付けのない単なる紙であるドルを輪転機で印刷して発行するだけで、海外との貿易決済ができてしまいます。50年近く経常収支の赤字を続けても、輪転機で刷り続ければ、世界はドルを有難がって受け取ってくれます。もちろん、ユーロや円、元なども流通していますが、取引量からすれば、ドルが圧倒的です。しかし、アメリカや先進国がつくったこのルールは、いつまでも続くものなのでしょうか。

すでにＢＲＩＣＳでは、ブロック内での共通通貨やデジタル通貨を基軸にした取引を模索しています。今後、東南アジアやアフリカ、中東、南米といったグローバルサウスの国々がこうした新通貨の動きに加わっていけば、先進国中心のルールが少しずつ崩れていくかもしれないのです。

「ディープステート」とは大統領を操る組織のことか？

現在、「ディープステート（ＤＳ）」と呼ばれるキーワードが、世界で話題を集めています。ＤＳとは、政府の中にある陰の実力者集団を意味し、陰謀論的な概念とも言われています。本当に実在するのかしないのかについては、慎重な議論が必要だと思います。当然、肯定派と否定派がいるわけですが、ＤＳがいることを前提に動いているのがトランプ氏です。彼は公約の中で「闇の政府（ＤＳ）を粉砕する」と掲げるほど、その存在を敵視しています。また、イギリスの与党である保守党のトラス元首相も、２０２４年２月にＤＳに関する発言を繰り返し、陰謀論者というレッテルを貼られてしまいました。

トランプ氏は「闇の政府（ＤＳ）がアメリカを支配している」として、その解体を公約として掲げ、演説の最後には次のように主張します。

「私は完全にディープステートを抹消する。ディープステートがアメリカを破壊するか、我々がディープステートを破壊するかどちらかだ」

ＤＳを破壊するとは、具体的にどういうことでしょうか。

まず真相究明のための委員会を設置し、スパイ行為や検閲、汚職などの機密文書を公開。また、大統領令を発令し、考え方の違う官僚たちを排除するという内容です。アメリカでは、ポリティカル・アポイントメント（政治任用制）という、大統領が政府の要職に就く人材を指名できる制度があります。専門的な政策能力や政治的な忠誠心などに基づき、任免する制度のことです。一部報道によると、トランプ氏は中堅の幹部を含めておよそ5万人を解雇するとの見方もあります。

アメリカでは建国初期に、エリートへの不信感から政治任用制ができたと言われています。政治の力が肥大化し、乗っ取られているという感覚が、闇の政府（ＤＳ）につながっているのかもしれません。一部の家系やグループが、政府の高官や官僚職を占めるようになって、事実上の身分制社会のようになったことが背景にあるのでしょう。

アメリカが闇の政府によって操られているという陰謀論は、敵役を変えて建国以来続いています。独立宣言が採択された1776年以降は、秘密結社フリーメイソン（世界規模の結社組織）やイルミナティ（1776年にドイツで創設された秘密結社）がアメリカを建国し、支配しているという陰謀論が広まりました。また、1950年代には共産主義者が政府やアメリカを乗っ取ろうとしているとするマッカーシズム（共和党議員マッカーシーによる反共産主義社会運動）の嵐が吹き荒れました。

しかし、現在のトランプ氏によるDS批判は、大統領に従うはずの組織や官僚が大統領を引きずり降ろそうとし、影の政府であるDSがアメリカ政府を操っているという主張です。私が親しくしているアメリカの歴史学者ジェイソン・モーガン氏は、DSについて、次のように考えています。

DSの正体とは、米中央情報局（CIA）、米連邦調査局（FBI）、米国防総省（ペンタゴン）、米国家安全保障局、米合衆国内国歳入庁、そして民主・共和両党にいるグローバルリストなどのことで、モーガン氏は具体的に組織を特定しているとともに、CIA元長官や元国連大使などの実名も公表しています。

たしかに、初代FBI長官のジョン・エドガー・フーヴァーは、8代の大統領に仕え、政治的な反対者や活動家に対して、スキャンダルなどの情報を集めた秘密ファイルを作成したことが知られています。大統領の弱みを握ったフーヴァーに権力が集中し、大統領の権限も脅かすほどだったと言われています。こういう実在した人物をイメージしているのでしょう。モーガン氏は「CIAやFBI、民主党のグローバリストが、あの手この手でトランプ氏を引きずり降ろそうと画策している」と主張しているのです。

世界的な緊張感と不安が増す中で、政治家を裏で操る勢力がいることは、良《よ》し悪《わる》しは別にして間違いのない事実です。個人や企業、団体などが自らの利益に資するように、政策や法律を有利に導くために政治家や政府関係者に働きかけるのです。こうした活動を「ロビー活動」と言いますが、こうした活動は欧米諸国では当り前で、決して珍しいことではありません。

そのため、政治家や政府関係者を支援している団体もオープンになっています。第1章で紹介したユダヤ系ロビーのAIPAC（エイパック）は両党に影響力がありますが、全米ライフル協会（NRA）などは共和党寄りです。民主党寄りなのは、米国商工会議所、米国不動産業協会、米国病院協会、米国医師会、ボーイング社などと言われます。医療、金融、不動産、製造業など幅広い業界や企業から、ロビー活動が繰り広げられ、日本にも政治的・外交的な圧力が加えられてきました。その一つが、バイデン政権における製薬業界からのワクチン接種です。コロナパンデミックの際、日本はアメリカからワクチンを買わされているのではないかといった疑いの声が上がったほどです。

こうした動きはメディアの表面的な報道だけではつかめないので、いまはインターネットで専門家の意見や各国のニュースサイトなどを通じて情報を収集しなければいけません。陰謀論だと決めつけずに、入ってきた情報の事実を自分の頭で精査することが必要です。マスメディアはＤＳについても陰謀論であるという前提で話を進めますが、実際に裏で政治家や権力者を操る組織や勢力があることは確かなので、自分自身で考え、シミュレーションをして、「これからの世界」を読み解くしかないのです。

イラク戦争がそうであったように、戦争はメディアによってもつくられます。私たちはメディアを疑わなければいけませんし、同時にインターネット上には無数のフェイクニュースが溢れています。私たちが想像する以上に世界の闇は深く、混沌《こんとん》としており、信じられないような出来事が今後も起こるでしょう。このことを覚悟した上で、「これからの世界」を生き抜いていかなければいけません。

第7章
エゼキエル戦争と日本

The Eve
of the Ezekiel War

History and Present
of the Middle East
that Japanese People
Don't Know.

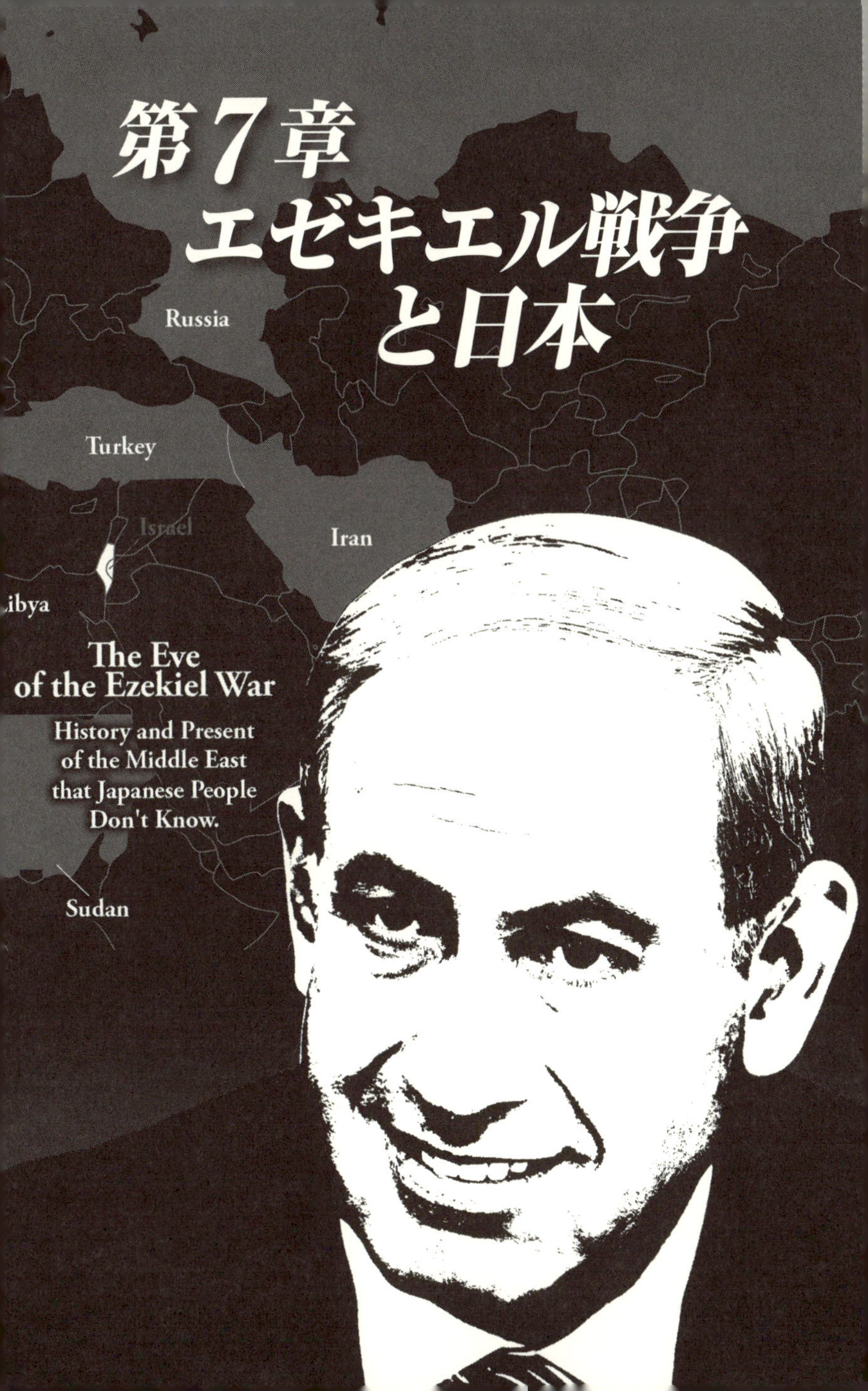

大規模な戦争とエネルギー危機に備えよ！

預言者エゼキエルでも、現代のＡＩ（人工知能）でも、未来を完全に予測することは不可能です。それでも、ある方向性を示すことはできているのかもしれません。２０２２年2月24日以降のロシアのウクライナ侵攻や23年10月7日以降のイスラエルとハマスの戦争は、『エゼキエル書』に登場する役者を当てはめれば、イスラエルやゴグ（ロシア）、ペルシャ（イラン）、ベテトガルマ（トルコ）などが登場人物なのでしょうか。

ウクライナのゼレンスキー大統領は、支援疲れを起こしている欧米の空気と国民の厭戦《えんせん》気運を察して、全領土の奪還や交渉の否定といった従来の停戦方針を変える方向にあります。しかし、ロシアとの平和的な解決ができるかといえば、話し合いさえ不可能な状況です。イスラエルとハマス、ヒズボラ、イランに関しても、大規模な戦争には発展していませんが、今後石油をめぐる経済戦争や情報戦など、かたちを変えて争いは続いていくでしょう。

もしもエゼキエルが預言したように、イスラエルとイランが全面的に衝突すれば、日本にも多大な影響が及びます。それはエネルギー安全保障の分野であり、日本がエネルギーの海外依存度が極めて高い国だからです。先進国の中でも、とりわけ日本は原油の輸入依存度が高いのです。サウジアラビア37・3％、UAE（アラブ首長国連邦）36・9％、クウェート8・4％、カタール7・8％と、実に9割以上を中東に依存しているのです。そのうえ、石油の備蓄は8カ月程度しかなく、石油がなくなれば国内の流通も経済活動もストップしてしまいます。

ほかのエネルギー源であるLNG（液化天然ガス）は97・7％、石炭は99・5％を海外に依存しており、エネルギー自給率の低い日本は有事に対して極めて脆弱な国なのです。G7（主要国首脳会議）各国のエネルギー自給率（2020年）を比べると、アメリカとカナダは自給率が100％を超えており、英国75％、フランス55％、ドイツ35％、イタリア25％、日本11％と、その低さが際立っています。

しかも、日本の政治は、アメリカへ右に倣《なら》えで、ロシアに制裁をして、2023年にはロシアから入ってくる原油は実質ゼロになり、日本は湾岸諸国への原油の依存度を実質90％から97％にまで高めています。

また、イスラエルとイランが戦争状態になれば、イランはアラビア半島の東側のホルムズ海峡を封鎖する可能性が高まります。日本の原油はこの海峡を通って日本に運ばれています。ホルムズ海峡依存度（18年）は、日本78％、韓国63％、インド61％、中国36％であり、その高さも際立っています。世界の原油供給量の約2割は、ホルムズ海峡を通過しており、大規模な戦争が勃発すれば、世界的に原油価格は急騰します。

アラビア半島は、東にペルシャ湾、西に紅海があります。前者は、イランとサウジアラビア、ＵＡＥ（アラブ首長国連邦）と向かい合うかたちで、後者はアフリカのジブチとイエメンが向かい合うかたちになっています。このジブチとイエメンが向かい合う海峡がバブ・エル・マンデブ海峡です。ジブチには、この海域に出没する海賊を取り締まるために、フランスやアメリカ、日本、中国といった国々の部隊が派遣されており、危険度が高いエリアです。イランの支援するイエメンのフーシ派がイスラエルに向かう貨物船を止めたため、アメリカとイギリスはフーシ派の関連施設を攻撃し、双方応酬が続いています。

紅海におけるフーシ派による船舶攻撃が起こり、バブ・エル・マンデブ海峡が封鎖されると、貨物船は地中海に容易にアクセスできません。アフリカ大陸南端の喜望峰をぐるりと回る、大航海時代さながらの迂回《うかい》ルートを使うしかありません。スエズ運河を通ってバブ・エル・マンデブ海峡を通る紅海ルートと比較すると、およそ倍の時間がかかり、その分コストもかかるわけです。日本の貨物船も当然影響を受けます。イランは、ホルムズ海峡とフーシ派を通じてバブ・エル・マンデブ海峡をも監視下に置いています。

マースクライン、ＭＳＣ、ＣＡＣＧＭ、ハパックロイドと4社で、海運シェアの半分近くを持っているほどの規模の、上から四つの世界的な海運会社が、イエメン・フーシ派の攻撃を受け、バブ・エル・マンデブ海峡の航海をストップすると宣言しました。

もしエゼキエル戦争が勃発すれば、ホルムズ海峡もバブ・エル・マンデブ海峡も完全封鎖され、日本には海外からのエネルギーや物品が入って来なくなり、国民はパニックに陥るでしょう。戦争が長期化すれば、同盟国であるアメリカから高い石油や天然ガスを買うしかなくなります。ロシアとウクライナの戦争でＥＵのエネルギー価格が高騰しインフレに苦しんだように、日本の国民生活も大変になります。１９７０年代に起こったオイルショックの再現です。

日本はエネルギー安全保障の観点から、石油ばかりに依存しないエネルギー体質に変えておく必要があります。エネルギー自給率が11％程度ですから、風力などの再生可能エネルギー、水素やバイオマス、地熱などの多種多様なエネルギー開発がこれからの課題になります。

メタンハイドレートは、天然ガスの主成分であるメタンガスが水分子と結びついた氷状の物質で、「燃える水」と言われています。メタンハイドレートを燃やした場合に排出される二酸化炭素は、石油や石炭を燃やすよりも約30％少なく、次世代エネルギー源として期待されています。日本の周辺海域には大量に確認されていますが、いつまで経っても実証実験ばかりです。

また、世界3位の資源量を持つ日本の地熱発電も大きな可能性を秘めています。これまで国立公園（国定公園）内に地熱貯留層がある場合は、環境保護の観点から地熱発電所は建設できませんでした。しかし、現在では地元の同意を得ることができれば、国立公園内の約7割に当たる場所で地熱発電所の新設が可能になりました。日本と同様の火山大国であるアイスランドでは、電力の１００％を自然エネルギーでまかない、そのうち20％以上が地熱発電によって生み出されています。

日本でも火山地帯の地下5キロメートルほどの深部に摂氏５００度ほどの超臨海水が存

在すると推定されており、これを利用した超臨海地熱発電所への期待も高まっています。一説によると、原子力発電所並みの発電量が得られるとも言われています。今後、国や自治体が率先して新しいエネルギー源の確保に力を入れてほしいと思います。

「アジアの太陽は日本から昇り、アラブに陽が沈む」

アメリカを中心としたG7と中国・ロシアを中心とした拡大BRICSは、徐々に対立の方向にあるように思われて仕方がありません。中国の拡張路線が台湾問題などで火を噴いて、両陣営の対立が将来的に第3次世界大戦に発展しないかとの懸念も囁かれています。こうした緊迫した国際情勢の中で行われるアメリカ大統領選挙や日本の総選挙は、2025年からの新しいリーダーを選ぶという意味で注目すべき選挙だと言えるでしょう。

日本はこれまで「親米」を通り越して、「従米」とも言える外交姿勢で、アメリカの意向に追従してきました。しかし、今後は真の意味での独立した立場から外交姿勢を明確にし、日本独自の価値観を発信していくべきだと考えます。懸念されている戦争を回避するためにも、日本が今後、仲介役などで果たす役割があるはずです。これからは、中東などのイスラム諸国や中南米、アフリカなどのグローバルサウスの国々との関係をより深めていくことが、経済面でも外交面でも、日本の将来にとって必要不可欠なことだと思うのです。

私の経験から言えば、中東諸国は親日的な国が多く、日本からのアプローチに対しては大歓迎であることは間違いありません。たとえば、アラブの盟主であるサウジアラビアは、サルマン国王やムハンマド皇太子が日本に対して友好的な姿勢であるため、日本の文化やアニメへの関心が高いのです。20年ほど前から放送されている、日本から学ぼうという趣旨の番組『Ｔｈｏｕｇｈｔ（改善）』がサウジアラビアでは大人気です。

たとえば、日本の小学生が学校で下駄箱にきちんと靴を並べてから教室に向かっているのに対し、サウジアラビアのモスクの玄関では大人の靴やサンダルがぐちゃぐちゃに脱ぎっ放しで、靴もきちんと整理できないといったエピソードが放送されたりします。また、日本の子供たちが、自分たちの教室の床を雑巾掛けしている話題も絶賛されていました。

ほかにも、東京の狭いビル群の中のタワーパーキングの技術に驚いたり、傘を簡単にビニールに入れる装置があるのに感心したり、２００以上のエピソードが紹介されたそうです（検索すると、一部視聴可能）。

２０１０年のサッカーワールドカップ南アフリカ大会の際、私は遺跡観光で有名なアルウラというサウジアラビアの都市にいたのですが、そこのホテルで「デンマークVS日本戦」を見る機会がありました。日本戦が始まるからということで、ホテルのオーナーがロビーに大きなスクリーンを出してくれ、そこに宿泊するサウジアラビアの観光客や日本人客総勢40人ほどで日本を応援しました。彼らは会話の中で、「アジアの太陽は日本から昇り、アラブに陽が沈む」という言葉を教えてくれました。サウジアラビアの人は、アラブと日本でアジアの発展をつくっていきたいという考えがあるのです。

エジプトは、西側諸国と中東諸国、それにイスラエルとも連携が取れている数少ない国の一つです。エジプトのアブドルファッターフ・アッ＝シーシー大統領は、西欧諸国と良好な関係を維持しつつ、中国やロシアとも距離を縮める全方位外交を進めています。また、シーシー大統領は、経済的成長が国内の安定につながるとの考えから、新しいビジネスを奨励し、若い人材の育成にも力を入れています。経済が豊かになれば、宗教や民族の軋轢《あつれき》も緩和できると考えていて、その垣根もできるだけ取り払われると謳っています。

エジプトの首都カイロは人口が密集し過ぎて、インフラの建設も限界になっているため、東部地区に「ニューカイロ」という都市ができ、衛星都市のような役割を果たしています。このニューカイロを含めた大カイロ圏には、人口1億人のうちおよそ2000万人が暮らしているのです。

シーシー大統領は、広さ約700万平方キロメートルのニューヨークマンハッタンの12倍もある広大なエリアに、行政と経済の中心となるニューカイロに新首都を移転させると、2015年に宣言しています。この計画はドバイやサウジアラビアを彷彿《ほうふつ》とさせる先進的なプロジェクトで、エジプトも改革の真っただ中にあるのです。

エジプトはほとんどの人がイスラム教徒ですが、一部にキリスト教徒の中でも少数派のコプト教の信者がいて、差別されてきた歴史があります。イスラム教徒はモスクをつくれるのに、コプト教徒は教会をつくれないという法律まであったのです。シーシー大統領はその法律を撤廃し、ニューカイロに世界最大級のモスクと教会を並べて建設しました。宗教や宗派の対立をなくすために、同じタイミングで着工させ、落成式も同じ日にして、二つの宗教に優劣をつけないようにしたのは見事な演出でした。

私はモスクと教会が完成した直後の２０１９年に、この場所を訪れました。ものすごく厳重な警備で、多数の警察官や警備員がいて、「これから式典があって大統領が来るから、今日は教会に入れない」と見学を一度は断られました。しかし、同行の警察官が、「日本から来た大切なお客さんだから、なんとかならないか」と交渉してくれ、同行した20人全員、オープンしたての教会の中を見学させてもらうことができたのです。「中東は親日」という説が実感できた瞬間でした。何より「新しい時代をつくるんだ」という空気が、モスクと教会に満ち溢れていたことが忘れられません。

エジプトの南にスーダンがあり、首都はハルツームです。紀元前２２００年ごろに、南部から移動してきた黒人の集団がこの地域に「クシュ王国」を建国したと言われ、この名は『エゼキエル書』にも載っています。植民地時代にはイギリス領となり、１９５６年にはスーダン共和国として独立を果たします。しかし、その後内戦が勃発し、２０１１年には南スーダンが独立します。

スーダンの首都ハルツームでは、１日約５０００トンの廃棄物が発生していて、その収集率は65％程度だったようです。以前の街中にはゴミが散乱し、汚い街でした。そこで、日本のＪＩＣＡ（国際協力機構）の協力でゴミ収集車約１００台が供与され、車にはスーダンでも人気の「キャプテン翼」のステッカーが貼られ、活動したのです。その効果は抜群で、日本式の定時定点回収を実現し、住民が決められた収集地点にゴミを持ち寄るようになりました。キャプテン翼ステッカーが貼られたゴミ収集車が街中を走り回ることで、大人も子供も収集車に集まってきて、ゴミ収集への関心が高まり、清掃員の志気も上がったと言います。出版元の集英社や著者の高橋陽一氏はデザインの無償利用を許可したようで、日本人の粋《いき》な計らいが親日の人々を増やしたのです。これからもアイデア次第で、日本のソフト産業を担うキャラクターが、グローバルサウスの国々に貢献できる事例が増えていくかもしれません。

「ファイト・ソルジャー」と「ピース・ソルジャー」

イラクは16世紀からオスマン帝国の属州となり、第１次世界大戦でイギリス軍に占領され、戦後イギリス委任統治領メソポタミアとなりました。１９３２年に独立王国となりますが、クーデターが相次ぎ、79年にサダム・フセインの独裁体制となったのです。イラン・イラク戦争や湾岸戦争の敗北、経済制裁などの難問に強権で対処しますが、２００３年のイラク戦争で政権は崩壊します。アメリカは、３兆ドル近い財政の支出とアメリカ兵７０００人の命を犠牲にして、イラクを破壊しました。10万人のイラク人の命を奪い、５００万人の孤児を生み出したと言われています。

イラクは多民族国家で多宗教、多宗派が混在する国です。人口は約３９００万人で、イスラム教シーア派6割、スンニ派2割、クルド人2割の３つの勢力がぶつかり合う国です。そのため、サダム・フセインのような強権政治でないと国が安定しないのかもしれません。フセイン政権の上層部はスンニ派で固められていましたが、11年のアメリカ軍撤退完了後は、抑圧されていたシーア派の鬱憤が爆発します。「スンニ狩り」が起こり、スンニ派はアメリカ兵が置いていった武器を手に取り、武装化していきます。フセイン政権の幹部として動いていたスンニ派の人たちを中心に武装化した組織が、イスラーム国（ＩＳ）になったのです。

アメリカ軍は治安対策や復興支援を進め、新しい民主主義政権をつくろうと動きますが、イラクではうまくいきませんでした。また、アメリカ軍はアフガニスタンのタリバン政権を崩壊させるべく侵攻し勝利しますが、その後泥沼化し、21年には完全撤収します。アメリカの戦後処理は、いずれも失敗してしまうのです。

私は一度だけイラクに行ったことがあります。そのとき出会ったイラク人のほとんどが、「フセインのころのほうが平和だった」と話している姿が印象的でした。友人の一人に見せてもらった写真には、綺麗なショッピングモールや買い物袋をぶら下げている家族連れ、豪華な新興住宅街やBMWやベンツなどの高級車も見える渋滞風景などが映っていたのです。日本人が抱いている銃弾の痕が見える廃墟のイラクのイメージとは、まるで違うものでした。

首都バグダットとサダム・フセインの出身地であるティクリート、ラマディの3地点を結ぶ「スンニー・トライアングル」は、イラク戦争後にゲリラとアメリカ兵の戦闘が続き、次第にさびれてきました。しかし、ほかの地域ではそれほど戦闘は行われていなかったようです。

日本在住のイラクの友人はクルド系ですが、彼の街はスレイマニヤという街で、前述の写真はスレイマニヤの風景だったのです。彼に「一緒にイラクに行こう」と誘われたのですが、イラク戦争もあったので家族も心配するし、「大統領を紹介してくれるなら」と半分冗談で断わりました。そうしたら、当時の大統領は、イラク初のクルド人出身のジャラル・タラバーニー大統領でした。クルド人は、国を持たない民族なので、どこの国でも横のつながりがすごく強く、クルド愛国同盟という政党が与党だったので、友人の議員が何人もいると言うのです。アポイントが取れると言うので、一緒に行くことになったのです。結局直前になって、タラバーニー大統領はバグダッドで急遽《きゅうきょ》会議が入り、スレイマニヤで会うことは適《かな》わなかったのですが、空港到着後のお迎えは大統領の秘書で、彼は私たちを10日間案内してくれました。

彼らが話してくれたことが、いまでも心に残っています。イラク戦争後に彼らが感じたのは、欧米の軍隊は「ファイト・ソルジャー」（戦闘兵）で、日本の軍隊は「ピース・ソルジャー」（平和の戦士）だったと言うのです。アメリカ兵は銃を持って、街の治安維持をして、場合によっては人を殺していた。一方、日本の軍隊はイラク人のために、水と食料を用意し、医療とライフラインをつないでくれた。まさに日本の軍隊はピース・ソルジャーだと教えてくれたのです。多くのイラク人が、日本人への感謝と尊敬の気持ちを忘れないと言っていました。２００４年以降、イラク復興支援活動に派遣された自衛隊員の方々の活躍が、イラクで感謝の気持ちとして実を結び、親日の人々を増やしていたのです。

英雄としてイランの歴史に名を刻んだ男

イランも親日国として有名です。1980年代にNHK連続テレビ小説で放映された『おしん』は、イランで爆発的な人気を誇り、最高視聴率が90％を超えたと言いますから驚きです。当時はイラン・イラク戦争の真っ只中でしたが、国民のほとんどが『おしん』を見ていたそうです。イラン人が日本人の勤勉さや真面目さを尊敬しているのは、『おしん』の影響が大きいのでしょう。また、アメリカとの戦争に負けたことへの同情心や、その後の戦後復興で世界第2位の経済大国になったことへの憧れがあるのかもしれません。

また、イランと日本の歴史的な関係を示した作品が、2012年に発刊された『海賊とよばれた男』（百田尚樹著、講談社）です。同書は、上下巻で420万部を超える大ベストセラーになり、映画化もされました。この作品のモデルになったのが出光興産創業者の出光佐三です。出光佐三とイランとの関わりで有名なのが、日章丸事件です。

第２次世界大戦後の１９５３年、イギリスの影響下にあったイランは、独立したものの、第６章で紹介したアングロ・イラニアン石油会社の管理下に置かれ、イラン国民はもとより政府にもその利益がほとんど分配されない状況でした。51年に石油の国有化を宣言したイランは、国営石油会社がアングロ・イラニアン石油会社の資産を接収したことはすでに説明しました。イギリスはそれに反発し、中東に軍艦を派遣し、イランへ石油の買い付けに来たタンカーは撃沈すると国際社会に表明します。当時、日本も米英など連合国による占領を受けた後で同盟関係にあるため、石油を独自のルートで自由に輸入することはできませんでした。

出光佐三は貧窮に喘《あえ》いでいたイラン国民を心配し、また日本経済を発展させるために、当時世界最大のタンカー日章丸を極秘裏にイランに派遣することを決意します。日章丸は53年４月10日にイランに到着。この時点で世界中のマスコミには、イギリス海軍に喧嘩を売った事件として報じられたのです。同年４月15日にはガソリンと軽油を積んだ日章丸は、イランのアーバーダーン港を出港。機雷などの海上封鎖を突破し、命を懸けて５月９日川崎港に到着したのです。

アングロ・イラニアン石油会社は、積荷の所有権を主張して出光を東京地裁に提訴しますが、イギリスの石油独占を快く思っていなかったアメリカの黙認や日本の世論の後押しもあり、行政処分には至らなかったのです。6月7日には日章丸が再度アーバーダーン港に到着。イランの政府高官や数千人の民衆の出迎えを受けたのです。「ジャポン、ジャポン」との歓声の声とともに、乗組員たちは歓迎するイラン人に取り囲まれました。

後日、出光興産の初代イラン駐在所長に当時のイラン首相から次のような言葉が贈られたと言います。

「日本人の偉大さは、常にイラン人の敬服の的です。その勇猛果敢な精神に感嘆しています。不幸にして今次の大戦には敗戦しましたが、いつの日か再び立ち上がる日のあることを確信しています。そして、日本がイランの石油を買う決心をされたことは感謝にたえません。日本はイランの救世主であると思います。ぜひこのことを日本に伝えて、われわれイラン国民の真意を汲《く》んでほしいのです」

残念ながら、出光興産とイランとの石油取引はその後途切れてしまいますが、イランの人々にとって、出光佐三は英雄としてイランの歴史に名を刻んだのです。

もう一人、イランと直接は関係ありませんが、田中角栄首相（当時）のアラブ諸国寄りの姿勢が有名です。イスラエルとアラブ諸国が衝突した１９７３年の第４次中東戦争の際に、アメリカからイスラエルを支援するように要請がありました。しかし、田中角栄は、「すでに日本はアラブ諸国から石油を輸入している関係にあるため、イスラエルの応援をしたら石油が入ってこなくなる可能性がある。そうなった場合、アメリカは責任を取れるのか」と、突っぱねて要請を断わったのです。

日本は中東戦争に加担せず、あくまで中立の立場を貫き、その対応に中東諸国は信頼を置き、日本に石油が入り続けたのです。その後、76年に発覚したロッキード事件によって、田中角栄は国会で追及され、逮捕されてしまいます。この事件は、アメリカのロッキード社（現ロッキード・マーチン社）が日本に対し、民間航空機トライスターの売り込みを行った際、日本の政財界に巨額の賄賂を渡したとされる事件でした。首相であろうと、アメリカに逆らうと弱みを握られ、権力者の座から追い落とされることを示す事例なのかもしれません。

ロシアからインドまでつながる回廊

中東に親日国が多いことを、ここまでもお伝えしてきましたが、私が特に親日国だと思うのは、アゼルバイジャンです。アゼルバイジャンはカスピ海に面した北海道ほどの面積の国で、第2章で紹介したように、隣国のアルメニアとは紛争を繰り返してきました。

カスピ海と黒海に挟まれたエリアは「コーカサス」と呼ばれている地域ですが、北コーカサスはロシアで、南コーカサスはアゼルバイジャンとジョージアとアルメニア。ジョージアの北、ロシアの南端に位置するのがチェチェン共和国です。チェチェン共和国の首長カディロフは欧米メディアから独裁者と見なされていますが、彼の私兵団カディロフツィは、初期のウクライナ侵攻にも投入されて一躍名を馳せました。

このコーカサス地域のアルメニアを除く国々の一体感が、非常に際立ってきています。『エゼキエル書』に登場するマゴグはこの地域を示していますが、マゴグとゴグ（ロシア）は、今後手を携えていくのでしょうか。「越境3・0チャンネル」でも何度か解説していますが、アゼルバイジャンはもともと西側諸国寄りの国で、ロシアとも対立していました。直接ロシアと戦うことはできないので、適度な距離感を保ちつつも、関係はぎくしゃくしていたのです。

私はアゼルバイジャンで過去2回「ジャパンエキスポ」を開催してきましたが、そこにはヘイダル・アリエフ前大統領（現大統領のイルハム・アリエフ氏は長男）の考えが大きく影響していたのです。アリエフ前大統領は、ナゴルノ・カラバフ紛争で壊滅状態にあった自国経済の立て直しに奔走した人物です。彼は、「貧しいアゼルバイジャンを何とかして豊かにしたい」との思いから、敗戦国から先進国へと成長した日本をめざすべきだと考え、１９９８年に側近20名で来日したのです。

日本から学んで感銘を受けたアリエフ前大統領は、「日本のような国造りをめざすべきだ」と公言したと言います。そこで日本との人的交流を推進するために、日本人だけはビザを無料にする異例の制度を取り入れたのです。いまでも日本人だけはアゼルバイジャン入国の際に、お金がかからないのです。詳細は、拙著『第三世界の主役「中東」』（ブックダム）の最終章の「アゼルバイジャンで号泣した日」に書きましたので、興味のある方はそちらをご覧ください。

最近では紛争終結後の２０２２年2月に、私はアゼルバイジャンのナゴルノ・カラバフに行きました。ナゴルノ・カラバフの今後の経済復興や都市開発について、アゼルバイジャン政府から実際に目で見て情報発信をしてほしいとの要望でした。いまは政情も治安も安定しているので、日本人の支援やサポート、技術協力に期待しているとのことでした。

24年8月19日に、イルハム・アリエフ現大統領は、プーチン大統領との首脳会談に臨みました。これまでどちらかと言えばアルメニア寄りだったロシアが、驚いたことに安全保障と経済でアゼルバイジャンを支援する「戦略的パートナーシップ」構築の姿勢を示したのです。そのうえ、アルメニアとの平和条約締結交渉を支援する考えも強調したのです。ウクライナとの戦争が長期化する中で、旧ソ連諸国を束ねる狙いがあるのでしょう。今後ロシアは、アゼルバイジャンがＢＲＩＣＳに加盟する方向で調整していくものと思われます。

一方で、ＥＵはアゼルバイジャンと協定を結んで、シャー・デニス天然ガス田というカスピ海のエネルギー源を掘り起こして、欧米の石油メジャーを通してヨーロッパに運んでいます。バクー油田とBTCパイプラインは、BP（ブリティッシュ・ペトロリアム）の主導するコンソーシアムとアゼルバイジャン、シェブロン、日本からは伊藤忠商事や国際石油開発などの西側諸国の資本によって開発され、所有されています。バクー（Baku）油田の石油をアゼルバイジャンから、ジョージアの首都トビリシ（Tbilisi）を通り、トルコの地中海沿岸の港町ジェイハン（Ceyhan）まで運んでいます。頭文字を取ってBTCパイプラインと呼び、現在、石油供給について戦略的な重要性が高まっている地域です。

22年8月には、ウルズラ・フォン・デア・ライエン欧州委員会委員長が、アゼルバイジャンのイルハム・アリエフ大統領を訪問して、ロシアに天然ガスを止められてしまったので、アゼルバイジャンからのシャー・デニス天然ガス田のガス輸送量を2倍にしてほしいとの要請をしています。カスピ海のエネルギーは、ヨーロッパにとっての生命線でもあるのです。

このエリアでは、ロシアとアゼルバイジャン、南に位置するイランとの関係が強化されています。プーチン大統領がアゼルバイジャンを公式訪問したことで関係改善が進み、「南北輸送回廊」が俄然注目されています。南北輸送回廊とは、インドのムンバイとロシアのモスクワを鉄道や船、道路で結ぶ全長7200キロメートルの複合輸送網のことです。ロシアとアゼルバイジャン、イラン、インドにつながる高速道路や高速鉄道などのインフラ、エネルギーを運ぶパイプラインも含めた輸送路ができる可能性があります。これまでプーチン大統領がこの構想を発表していたものの、イランとアゼルバイジャンの関係やロシアとアゼルバイジャンの関係がぎくしゃくしていたため前に進みませんでした。ところが、ロシアとアゼルバイジャンの関係改善以降、急に進みはじめているのです。

これまでも、ロシアとアゼルバイジャンは重要な経済パートナーでした。特にアゼルバイジャンの対外貿易では、トルコとイタリアに次いで第3位がロシアとなっていました。両国間の貿易決済の通貨構成は、ロシア・ルーブルとアゼルバイジャン・マナトのシェアが60％程度だったのが、24年前半には73％に達しているのです。つまり、ドル離れ、ユーロ離れが起きているということです。

アゼルバイジャンとロシアの双方にとって、決済における自国通貨への切り替えは、望ましいことと受け取られています。両国は、貿易取引を制限しようとしている西側諸国の銀行インフラから独立したシステムを構築し、最終的にはＢＲＩＣＳ独自の決済システムを構築しようとしているのでしょう。

ところが、平和になってきたコーカサスを分断しようと動いているのがアメリカです。アメリカはコーカサスでのプレゼンスを高めたいと思っているでしょうし、喉から手が出るほどバクー油田の権益をほしいはずです。なおかつ、ロシア主導の南北輸送回廊のプロジェクトを分断させたいのでしょう。

アルメニアは、ナゴルノ・カラバフをめぐる軍事行動でアゼルバイジャンに敗北したため、ロシア主導の軍事同盟から脱退する方針を示し、アメリカに急接近しています。23年9月と24年7月に、アメリカ軍とアルメニアは合同軍事演習を実施したのです。

また、24年5月にイランのライシ大統領を乗せたヘリコプターが墜落したニュースが流れた直後に、ヨルダンに駐留していたアメリカ軍がアゼルバイジャンに入ったという未確認の報道もありました。アゼルバイジャンの敵国アルメニアと軍事演習を続けているにもかかわらず、アメリカ軍が今度はアゼルバイジャンに接近しているとすれば、紛争の種を撒き散らしているようにしか映りません。

中国に代わる14億人の巨大消費市場

南北輸送回廊が注目される背景には、インドが中国に代わる14億人の巨大消費市場になることが明白だからです。次代の世界経済を牽引するインドが、石油と天然ガスを今後飲み込んでいくわけです。インドからすれば、ロシアやアゼルバイジャン、イランという世界有数の産油国であり、天然ガス産出国が、安定的にエネルギーを供給してくれれば、経済発展は約束されたようなものです。また、14億人の巨大消費市場に対して、野菜や果物、魚、肉といった食品から、工業製品まで、さまざまな輸出品目が各国からインドに向けて販売されていくのです。インドはそういった貿易の面でも、非常に高いポテンシャルが期待されています。

アゼルバイジャン国営石油「State Oil Company of Azerbaijan Republic」は、頭文字を取ってSOCARという会社ですが、懇意にしているエルシャド・ナシロフ副会長は、SOC

ＡＲもロシア、アゼルバイジャン、イランとの共同プロジェクトには大きく関わっていると語ってくれました。アゼルバイジャンのバクー市街にＳＯＣＡＲタワーという炎のような形のタワーがありますが、天然ガスと石油に関するエネルギー供給としては、コーカサス地域最大の会社と言われています。この地域のどこに行ってもガソリンスタンドはＳＯＣＡＲです。

アゼルバイジャンは、産業や貿易面でも具体的な方向性を示しています。一つ目が自動車組み立てについてです。ラーダはロシア製の自動車ブランドですが、アゼルバイジャンでラーダ車を組み立てるプロジェクトがスタートしています。ラーダはアゼルバイジャンにもたくさん走っていますが、メイド・イン・ロシアの自動車をアゼルバイジャンでつくっていくのです。アゼルバイジャン政府は以前、アゼルバイジャンは輸出基地として地の利があると言っていました。コーカサスは、アジアとヨーロッパのつなぎ目に当たるからと言うのです。中東にも近く、ヨーロッパやアジアにも近いので、バクーにあるヘイダル・アリエフ国際空港を貿易のハブ空港として育てていくようです。

たとえば、イランやアフガニスタンといった内陸には、ヨーロッパの飛行機は着陸できないため、陸地からアクセスするしか方法がないのです。その経由地として、ヘイダル・

アリエフ国際空港が有望視されています。アゼルバイジャンからアフガニスタンのカブール、イランのテヘランまで、食料や工業製品などを大量に運べるのです。ヘイダル・アリエフ国際空港は、航空網のハブとして育ちつつあり、アゼルバイジャンでつくられる自動車が周辺国に輸出される日が近いのかもしれません。

自動車製造に続いて二つ目は、医薬品です。ロシアの製薬会社R-ファーム社は、アゼルバイジャンで糖尿病の合併症などを予防する薬の生産をすでに開始しています。アゼルバイジャンはロシアの工場誘致に成功し、ロシアからすれば、自国生産のいろいろなプロダクトが周辺国でつくられ、輸出産業に勢いがついています。

そのことが駐日アゼルバイジャン大使館から発表され、アゼルバイジャンの大使が薬売りで有名な富山県に行ったのです。富山県で何度も講演会やセミナーをやり、富山県の医薬品会社をアゼルバイジャンの経済特区であるピララヒ島に誘致しようとしたのです。

カスピ海にあるピララヒ島は、バクーの東北東43キロメートルにあり、島の長さは11キロメートル、幅は最大で4キロメートルの小さな島です。そこですでにR-ファーム社の薬の生産を開始しているのです。こうしたロシアとアゼルバイジャンの技術や貿易面での提携、政治や軍事面での提携が進められています。アゼルバイジャンを含めたコーカサスの可能性は、今後ますます高まっていくと思われます。

「エコノミックフリーゾーン」と「政府系ファンド」

日本が「これからの世界」で生き残っていくには、アメリカべったりの従米路線ばかりでなく、中東やグローバルサウスの国々との関係を構築していくための全方位外交が求められています。また、日本はデフレ経済が長く続き、国を牽引するような新産業やイノベーション（技術革新）も生まれていません。この章の冒頭でも紹介したように、エネルギー安全保障面において、日本は極めて脆弱な経済であり、かつ世界一高齢化が進んだ人口減少社会に直面しています。このままでは、経済的に衰退の一途を辿るばかりです。

日本がこれから発展するためには、中東から学ぶべきこともあります。国家級の自由経済特別区（エコノミックフリーゾーン）の創設です。同じエリアに同じ業種を集め、お互いに自由競争をさせることで、良いものをつくりだすというものです。このエリアでは、企業にかかる税金をゼロにして、業種ごとに必要なインフラや法律、制度を調整し、その場所でビジネスを展開すれば、世界でも競争力の高い有利な条件が整います。

石油の採れないドバイは、港や空港を整備し、インフラを拡充させることで徐々に世界中から企業を誘致するようになりました。最も有名なジュベル・アリ・フリーゾーンには、世界中の大企業が7000社集まっています。日本からもトヨタ、キヤノン、パナソニック、ソニーなどが、このフリーゾーンに拠点を置いています。何もなかったUAEの砂漠には、いまではマンハッタンかと見まがうほどの高層ビルが建ち並び、各首長国がフリーゾーンを活かして発展しているのです。

フリーゾーンは無税ですから、儲かっている企業は節税目的で進出します。収益が高いので、従業員の給与も高いのです。たとえば、マイクロソフトの社員が世界中から何百人も仕事でドバイに来て、ドバイに住んで、ドバイで生活します。購買力の高い彼らは、家を買うなり借りるなりして、家族と一緒にショッピングモールに行き、買い物をして生活します。タクシーに乗って、レストランにも行き、ホテルにも泊まり、たまに里帰りもするでしょう。外国人の労働者やビジネスマンが、エミレーツ航空（航空会社）やエマール・プロパティーズ（不動産）、ジュメイラ・グループ（高級ホテルグループ）といったドバイの政府系ファンドの下に位置する企業にお金を落とすわけです。

ドバイの人口は３３１万人ですが、住民のおよそ8割が出稼ぎ労働者などの外国人で、2割がドバイ国籍です。政府系ファンドの利益は、ドバイ国籍の国民に還元されていくのです。大学まで教育費無料、医療費も無料。ＵＡＥ国籍同士で結婚すると豪華な家も支給され、もちろん税金もかかりません。結果として、ドバイは無税国家をつくりあげたのです。つまり、外国人と外国資本をうまく利用して、無税国家を実現したのです。

パナソニックの創業者松下幸之助は、無税国家を理想として掲げていました。無税国家構想は、国家予算の単年度制を廃止し、国家の経営努力によって予算の何パーセントかの余剰を生み出し、積み立てていくものです。その積立金を運用し、金利収入によって国家財政を運営するのです。こうしたダム式経営によって、無税国家、収益分配国家をめざそうという構想を建てていました。ところが残念ながら、日本は国民負担率（税金と社会保険料などの公的負担）が40％を超えるまでになっています。日本は無税国家どころか、国の借金が年々増えて増税されています。

戦後日本の高度経済成長を参考にし、目標にしてきた国は中東の国ばかりではありません。かつてアジアにおいては、日本を「アジア唯一の大龍」と見立て、それに続く韓国、台湾、シンガポール、香港を「アジアの四小龍」と呼びました。いまでは一人当たりGDPでは日本と同じか、それ以上の所得の国もあります。なかでもシンガポールは、購買力平価による一人当たりGDPが世界で2番目に高くなっているのです。経済復興は日本から学んだかもしれませんが、国家の経営は日本が学ばなければいけません。

シンガポールの豊かさを実現したのが、建国の父であるリー・クアンユー初代首相です。彼は、「一生のうちに年金だけで2回家を建てられる国にする」という目標を掲げ、小国に過ぎなかったシンガポールをアジア屈指の金融国家へと成長させました。

政府系ファンドを生かして、成長した国なのです。シンガポールは、基幹産業と言われるシンガポールテレコム、STエンジニアリング、シンガポール航空、DBS銀行、キャピタランドといった国を代表するような企業の株を、テマセク・ホールディングスという政府系ファンドが持っています。これらは国営企業ではなく、あくまで民間企業なのです。上場企業であり、外国人や外国人経営者もたくさんいるのですが、その株を大量に保有しているのは政府なのです。国が保有し、経営は経営の専門家にまかせるのです。

こうした国有企業のような状況をつくりだしたうえで、世界に対して投資もしているのです。保有している株の割合は、31％がシンガポール企業、69％が海外投資と言われています。テマセク・ホールディングスは、積極的に投資することでお金をどんどん増やして、国民に還元するスタイルです。効率化されているトップクラスの利益を生み出す企業の株を政府系ファンドが持つことで、お金が増えていく仕組みをつくり出しているのです。

日本にもＧＰＩＦ（年金積立金管理運用独立行政法人）という年金基金があります。政府が運用しているため、ＧＰＩＦを政府系ファンドとして捉える考え方もありますが、ここで説明した政府系ファンドとは決定的に違うことがあります。政府系ファンドは、政府が運用することに加え、あくまでその原資は政府が行っている投資やビジネスで得たお金です。一方、ＧＰＩＦは国民が稼いだお金から差し引かれるお金（年金）を運用するものです。

日本も政府系ファンドをつくればいいと思うのです。産油国のように潤沢な資源があるわけではなく、その点では日本もシンガポールと同じ条件のはずです。政府系ファンドの総資産額ランキング（２０２３年）の10位までを見ると、アメリカやイギリスの政府系ファンドはなく、１位のノルウェー系以外は中国、ＵＡＥ、クウェート、シンガポール、サウジアラビア、香港、カタールのファンドで占められています。日本も新時代に向けて、「エコノミックフリーゾーン」や「政府系ファンド」といった中東の事例に学ぶべき時なのです。

未来を変えるための「警告の書」

本書も最後に差し掛かりましたが、『エゼキエル書』に書かれているストーリーは、未来を予言していることでもなく、エゼキエル戦争に対して怖れを抱《いだ》かせることでもないと思うのです。第1章でも説明したように、エゼキエル戦争はただの軍事的な戦いを示しているのではなく、「神がなさることには、すべて意味や目的がある」と解釈されていて、神の力と正義がイスラエル人だけでなく、全世界に知らされる戦争だと言うことなのです。いずれ、戦争を続ける人間に対して、神が怒り、天変地異を起こすかもしれない、ということなのかもしれません。

以前読んだ預言の本に、預言は未来を予想するためにあるのではなく、未来に起こる危機をあらかじめ防ぐためにある、と書かれていました。そういう意味では『エゼキエル書』の預言も、未来を変えるための警告だと捉えるべきなのでしょう。備えや準備が必要であり、そうすることで未来を変えるチャンスにもなるということです。この章の冒頭では、戦争が拡大した際の日本のエネルギー安全保障の脆弱性について解説しました。また、中東の親日エピソードを紹介し、そこから得られる教訓や日本が学ぶべきことも提案しました。

しかし近年、中東における日本のプレゼンスは落ちています。このところ、中東での日本の評価は著しく低下しているのです。あるサウジアラビアの経済誌が、同国におけるアジア各国との経済関係の優先順位を発表しています。それによると、1位中国、2位韓国、3位インド、そして4位日本です。かつて1位だった日本は、たった2年間で4位まで転落しているのです。この結果は、信頼関係に置き換えると、よりわかりやすいと思います。中国、韓国、インドよりも信頼できないと見なされているのです。アメリカべったりの日本は、アメリカに距離を置き始めたサウジアラビアにとって、信頼の置けない友人に映ってしまうのかもしれません。

かつては圧倒的に人気の高かった日本メーカーの商品は、いまや韓国にお株を奪われているのが現状です。トヨタ人気こそ健在ですが、日本の製品は軒並み力をなくしています。日本製品はクオリティこそ高いのですが、価格が高く、そのため、現在のサウジアラビアやＵＡＥでは、同じくらいのクオリティを誇り、それでいて値段も手ごろな韓国製品に市場を奪われているのです。

中東における存在感が、中国、韓国、インド以下である日本には、中東諸国から石油が入ってこなくなる、そんな日が来てもおかしくありません。そうしたエネルギー安全保障の観点からも中東外交をもう一度見直し、日本は全方位外交を堅持すべきです。アメリカのお尻を追いかけるような外交姿勢では、これからのＢＲＩＣＳやグローバルサウスの国々との関係も悪化しかねません。

いま世界は、戦争前夜を思わせる混沌とした状況になってきました。21世紀に入って、アラブ諸国では、２０１０年に始まったいわゆる「アラブの春」における民衆の蜂起によって、北アフリカの国々の独裁政権が打倒されました。しかし、現状ではなおも政治的に不安定な状態が続いています。シリアやイラクの領内では、「イスラーム国（ＩＳ）」による軍事行動が活発になりましたが、現在は弱体化しています。ロシアは14年に、ウクライナのクリミアを編入し、22年2月にはウクライナに侵攻しました。中国はフィリピン近海の南沙諸島で人工島をつくるなどの海洋進出を強め、実力による現状変更を試みる動きがあります。

これに対して、アメリカはいまなお圧倒的な軍事大国ですが、世界を牽引するほどの経済力は持ち合わせていません。世界経済は中国やインドの台頭が著しく、今後日本はインドにもＧＤＰ規模で抜かれ、５位に転落することになると予想されています。

世界は米中が対立する構図から、先進国グループと拡大ＢＲＩＣＳがブロック化していく方向にあるように見えます。中東の中心的な国々が次々と脱アメリカを掲げていることは、歴史的に見ても大きな変革期を表しているとも言えます。その中で日本は、どうするべきでしょうか。翻《ひるがえ》って、ここにこそ日本の成長の可能性があると思っています。

中東は、ヨーロッパとアジアとアフリカの大陸のつなぎ目にある重要なエリアです。アメリカのプレゼンスが急速に弱まり、中国やインドが台頭したときに備え、いま日本は外交的にも経済的にも、「これからの世界」を視野に入れた新しい関係性を構築していくことが急務なのです。

年表

BC597年	●バビロン捕囚始まる
	●エゼキエル書が書かれる
66年	●第1次ユダヤ戦争（~74年）
131年	●第2次ユダヤ戦争（~135年）
1897年	●第1回シオニスト会議
1914年	●第一次世界大戦
1915年	●フセイン・マクマホン協定
1916年	●サイクス・ピコ協定
1917年	●バルフォア宣言
1939年	●第二次世界大戦
	●ナチス・ドイツに迫害された大量のユダヤ人がパレスチナへ
1947年	●国連パレスチナ分割決議
1948年	●イスラエル建国、アメリカのトルーマン大統領が国家承認
	●第一次中東戦争
1956年	●第二次中東戦争
1964年	●パレスチナ解放機構（PLO）誕生
1967年	●第三次中東戦争
1970年	●ヨルダン内戦
1971年	●ニクソンショック
1973年	●第四次中東戦争
1974年	●ペトロダラーの始まり
1979年	●イスラエルとエジプトが国交樹立
	●イラン革命
1980年	●イラン・イラク戦争（~1988年）
1981年	●イスラエルがゴラン高原併合
1982年	●レバノン戦争
1987年	●第一次インティファーダ
1988年	●PLOが西岸とガザ地区にパレスチナ国家建設宣言
	●ナゴルノ・カラバフ紛争（~1994年）
1991年	●湾岸戦争
1993年	●オスロ合意
1994年	●イスラエルとヨルダンが国交樹立
	●西岸とガザ地区でパレスチナ暫定自治開始
1995年	●オスロ合意の当事者であるイスラエルのラビン首相が同国の過激主義者によって暗殺
2000年	●第2次インティファーダ（~2005年）

2001年	●「9・11」同時多発テロ事件 ●アフガニスタン紛争（〜2021年）
2003年	●イラク戦争（〜2011年） ●中東和平のロードマップ
2004年	●PLOのアラファト議長死去、翌年アッバスが議長に就任
2005年	●イスラエルは制空権及び制海権を維持した上で、ガザから撤退・退去
2006年	●ハマスがパレスチナ評議会選挙で大勝
2007年	●ハマスとファタハの内部対立が激化し、6月にハマスは武装クーデターを決行しガザ地区を制圧。その後実効支配
2008年	●ガザ紛争（〜2009年）
2009年	●イスラエルで右翼政権ネタニヤフ政権誕生
2010年	●アラブの春（〜2012年）
2012年	●イスラエルがガザ地区を空爆 ●国連がパレスチナを非加盟のオブザーバー国家として認める
2014年	●ガザ紛争
2018年	●トルコのサウジアラビア領事館でジャーナリストのジャマル・カショギ氏の殺害事件が起こる

2020年	●イラン中部ナタンズの核施設で不審な火災 ●アブラハム合意 ●44日間戦争（第2次ナゴルノ・カラバフ紛争） ●核開発を指揮してきたイランの研究者が首都テヘラン郊外で殺害
2021年	●イランのナタンズの核施設で爆発をともなう電気系統のトラブル
2022年 2月	●ロシアによるウクライナ侵攻が始まった
12月	●中国とサウジアラビアの包括的戦略パートナーシップ協定 ●サウジアラビアが石油の人民元決済取引を初めて実施 ●第6次ネタニヤフ政権が始まる
2023年 3月	●中国を仲介とするサウジアラビアとイランの国交正常化 ●中国輸出入銀行とサウジアラビア国立銀行が、人民元建て国際融資協力に踏み切る ●ネタニヤフ首相が司法改革案の推進を一時中断 ●クレディ・スイスの破綻危機 ●アッバス議長が国連総会で「パレスチナ問題を置き去りにしないように」と訴える
10月	●イスラエル・ハマス戦争始まる

2024年

1月 ●イランがBRICSに正式加盟

4月 ●シリアのイラン大使館で革命防衛隊の幹部が殺害

●イランが初めてイスラエルを直接攻撃攻撃

5月 ●イランのライシ大統領とアブドラヒアン外相らが乗ったヘリコプターが墜落

7月 ●イスラム組織ハマスの最高指導者だったイスマイル・ハニヤが、訪問先のイランで暗殺される

●レバノンの首都ベイルートがイスラエル軍の空爆を受ける。親イラン武装組織ヒズボラの最高司令官シュクル氏が殺害

8月 ●ヒズボラ、イスラエル北部へのロケット弾砲撃を再開

●イラン革命防衛隊（IRGC）が報復を強調。「イスラエルは、適切な時と場所、質で、厳しい罰を受ける」と声明

●イスラエル、100機以上の戦闘機でレバノン南部の標的を専制攻撃

●ヒズボラ、320発以上のロケット弾とドローンでイスラエルに報復攻撃

●ガザ地区南部の地下トンネルでアメリカ国籍の男性を含む人質6人の遺体が発見されたとイスラエル軍が発表

●イスラム協力機構（OIC）がサウジアラビアのジェッダで、8月7日外相級の緊急会合を開催

9月 ●ヒズボラが使用していた通信機器が爆発し、多数が死傷。

●イスラエルがベイルート南部を攻撃し、ヒズボラ幹部などを殺害。ヒズボラが報復としてイスラエルの北部都市ハイファなどにロケット弾を発射

●ネタニヤフ首相は、パレスチナ自治区ガザでのイスラム組織ハマスに対する作戦に参加していた部隊の一部を、ヒズボラが脅威をもたらしている北部地域に再配置すると述べた。

●イスラエル軍による空爆でレバノン国内で子ども50人、女性94人を含む合わせて558人が死亡

●イスラエル中部のテルアビブ郊外に向けて弾道ミサイルを発射し、イスラエル軍はこれ

を迎撃。ヒズボラの攻撃がテルアビブ郊外におよんだのは今回の戦闘では初めて。
●イスラエルはレバノンとシリアの国境地帯にあるヒズボラの拠点を空爆したほか、首都ベイルートへの空爆でヒズボラの幹部を殺害。
●アメリカなどが呼びかけているイスラエル軍とヒズボラとの間の停戦に関して、ネタニヤフ首相は「全力でヒズボラを攻撃し続ける」と述べた。
●イスラエルはヒズボラ最高指導者ハッサン・ナスララを殺害

10月

●イランがイスラエルに180発超の弾道ミサイル攻撃

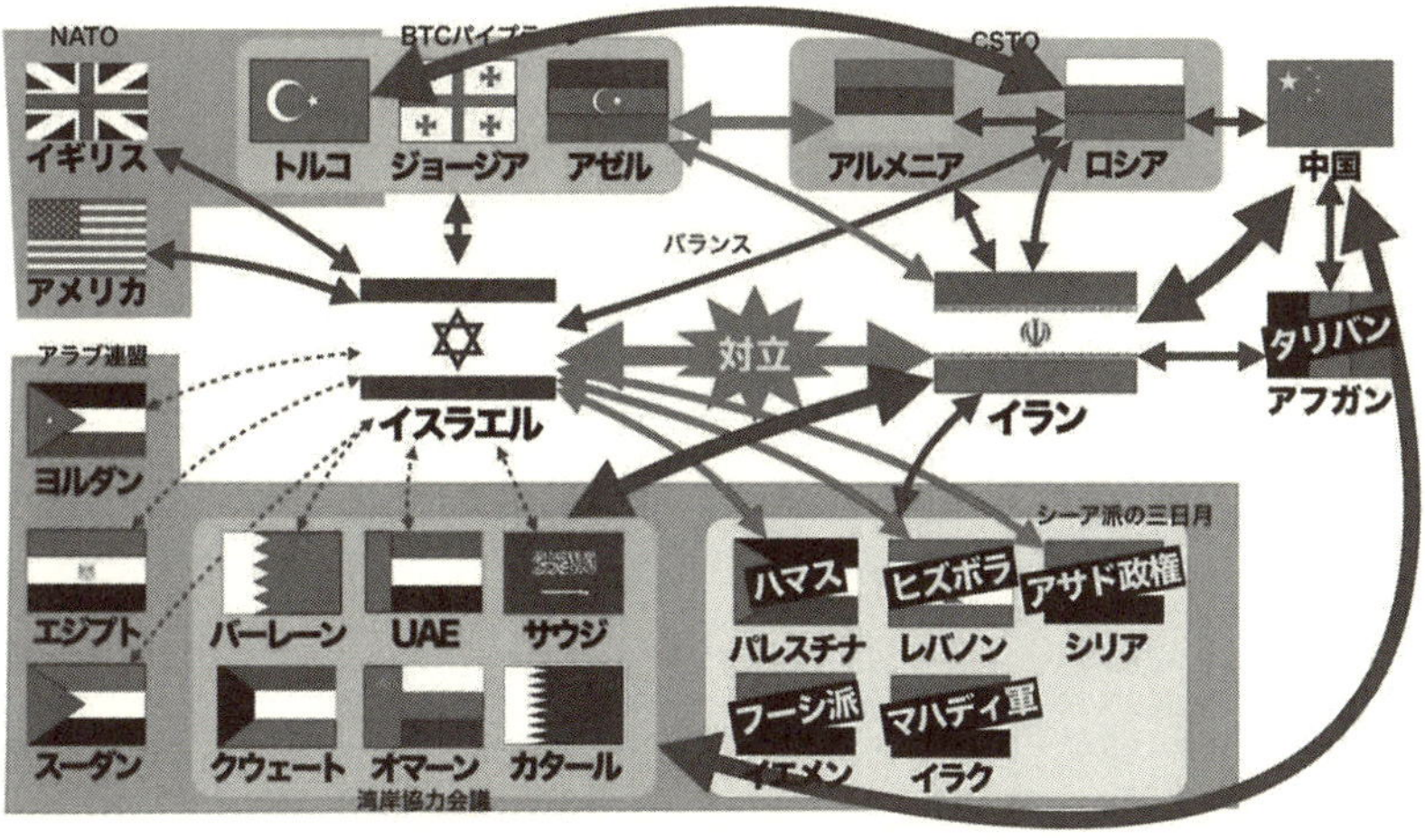

石田和靖（いしだ　かずやす）

1971年東京生まれ。東京経済大学中退後1993年から都内の会計事務所に勤務、中東・アジア資本企業を担当。外国人経営の輸出業や飲食業、サービス業の法人税・消費税・財務コンサル業務に従事。新興国経済に多大なる関心を抱き、世界と日本をつなぐ仕事に目覚める。2003年独立。世界の投資･経済･ビジネスの動画メディア「ワールドインベスターズTV」や、全国会員2,000名以上を擁する海外志向経営者のコミュニティ「越境会」、海外でのジャパンエキスポなどを多数主催。これまでアジア・中東・アフリカを中心に世界50カ国以上を訪問。各国要人との関係を構築し、様々なプロジェクトを企画・実行。そして、海外政府との繋がりから世界の課題解決をプロジェクト単位で進める日本初のC to Gオンラインサロン「越境3.0」を主宰し運営。2020年YouTube「越境3.0チャンネル」をスタート。現在チャンネル登録者数24万人超の人気チャンネルに成長中。主な著書に『第三世界の主役「中東」』（ブックダム）。『10年後、僕たち日本は生き残れるか 未来をひらく「13歳からの国際情勢」』(KADOKAWA) など多数。日本全国で国際情勢の講演会を多数開催中。

越境3.0
チャンネル

エゼキエル戦争前夜
日本人が知らない中東の歴史と現在

2024年11月11日　第1刷発行

著　者　石田和靖

発行人　岩尾悟志
発行所　株式会社かや書房
〒162-0805
東京都新宿区矢来町113　神楽坂升本ビル3F
電話　03-5225-3732（営業部）

印刷・製本　中央精版印刷株式会社

ISBN978-4-910364-53-7 C0030